LA BRUYÈRE

LES CARACTÈRES, LIVRES V À X

Parcours : **La comédie sociale**

L'œuvre et son parcours

LA BRUYÈRE

LES CARACTÈRES, LIVRES V À X

Parcours : **La comédie sociale**

FRANÇAIS

Programme du BAC 1re

ellipses

Vincent Manresa

ISBN 9782340-048904

8/10 rue la Quintinie 75015 Paris

www.editions-ellipses.fr

Table des matières

Introduction

Présentée d'abord comme une simple imitation d'un ouvrage antique, l'œuvre de La Bruyère intitulée ***Les Caractères*** s'inscrit dans la tradition des textes classiques du XVIIe siècle. La modestie de l'auteur le conduit même à donner pour titre à son projet : ***Les Caractères de Théophraste, traduits du grec, avec les Caractères ou les Mœurs de ce siècle***. Initialement, la réflexion de La Bruyère est seconde. Il se présente en traducteur et humble continuateur de la pensée hellénistique. Or, cet ajout de « Caractères », **somme de remarques sur la société**, prend peu à peu toute la place et fait passer son auteur à la postérité. **Relue, corrigée et enrichie jusqu'en 1696**, cet édifice littéraire est devenu incontournable pour qui veut connaître et comprendre les mœurs du Grand Siècle.

Issu de la petite bourgeoisie parisienne, Jean de La Bruyère fut d'abord avocat au Parlement de Paris. Et bien qu'il n'ait jamais plaidé, il garde de cette première occupation le goût des lois et du discours rigoureux. Il développe, très tôt, une idée de ce que devrait être un sage, soit un homme modéré et érudit, qui évolue dans la société avec **prudence et clairvoyance**, sans jalousie ni ambition excessive. Il fréquente un cercle intellectuel, le petit Concile, qui le rapproche des moralistes et des grands penseurs de son temps, parmi lesquels l'illustre Bossuet.

Sa rencontre avec le Grand Condé, en 1684, sera décisive : il devient le précepteur de son petit-fils, le futur Duc de Bourbon. La Bruyère apprend de son élève et de cette expérience de l'enseignement certainement plus que le jeune duc de son maître. Par la fréquentation d'une société plus élitiste, d'une aristocratie qu'il connaissait à peine jusqu'alors, La Bruyère va exercer son regard et rassembler un ensemble de notes et de considérations qui formeront la matière de son œuvre littéraire. Il accède au titre de gentilhomme dès 1686 et s'attèle à la rédaction d'un guide moral, tout pétri de **pédagogie**, mais aussi, et surtout, d'**ironie**.

Les Caractères deviennent **le livre d'une vie**, lieu de compilation de toutes les observations, de tous les étonnements. D'une remarque à l'autre, le lecteur assiste au trajet d'un bourgeois amusé, devenu gentilhomme, et qui découvre les excès, les contradictions et les bizarreries de la société de son temps. La **première parution de l'œuvre, en 1688**, fait grand bruit. Elle est reçue comme un divertissement mondain par les uns, comme un brûlot satirique par les autres. Le scandale souligne son succès et La Bruyère devient un auteur à la mode. On se plaît à aller chercher les « clefs » derrière les caricatures et à retrouver les courtisans raillés. L'œuvre, bien que cryptée – entre autres par l'usage de types moraux nommés comme des personnages de la tradition littéraire gréco-latine – est sans concession. Elle est d'un réalisme froid qui se situe dans la **transition entre la littérature humaniste et la philosophie des Lumières**.

La place de La Bruyère dans l'histoire des idées est centrale. Il constitue un point de passage entre la pensée des auteurs de la Renaissance, qui offrent une première peinture de **l'honnête homme**, le portrait optimiste d'un courtisan éduqué, bien né et ouvert au monde, et la pensée des Lumières, qui assoient cette conception de l'honnête homme dans une perspective de **raison**. En effet, La Bruyère fonde une anthropologie morale, où l'homme se doit d'honorer son statut de créature tant raisonnable que rationnelle. En reprenant et dépassant certains **thèmes baroques**, il bâtit comme un pont entre les siècles, inaugurant la **critique des vices de la Cour** comme genre littéraire et *topos* de la littérature d'idées.

En bornant l'étude de l'œuvre aux **livres V à X**, le programme de la classe de Première attire l'attention sur la **gradation** au cœur de l'ouvrage : du peuple au Souverain, en passant par la bourgeoisie et l'aristocratie parisiennes et la Cour de Versailles. L'enjeu, pour l'élève, est de découvrir, ou redécouvrir, ce monument littéraire par la notion de **hiérarchie sociale** et par l'analyse des jeux complexes au sein des rangs sociaux, ou dans les passages d'un rang à l'autre. L'objectif du **parcours associé, « la comédie sociale »**, est de guider la lecture, pour retrouver le dynamisme des portraits et des maximes, composés pour le divertissement et l'instruction. Le programme invite à rire des remarques, à s'amuser des paradoxes et des traits grossis, à réfléchir sur les mœurs sociales comme on le fait à l'occasion d'un spectacle théâtral. Dans ces livres en effet, La Bruyère met en scène les rapports sournois, faux et biaisés qui unissent les sujets du royaume de France ; il donne à voir des personnages pleins de vices, avec vraisemblance et dans un style coupé qui lui propre.

La difficulté pour le lecteur des *Caractères* peut résider dans cet aspect **fragmenté.** On aurait envie de parcourir l'œuvre au gré de ses envies, sautant d'un livre à l'autre, d'un chapelet de remarques à un portrait singulier, et errant sans intention préalable dans les nombreux conseils du moraliste. Même si l'auteur invite à cette pérégrination et même si l'on peut revenir aux textes de cette manière, ce serait ignorer **la structure de l'œuvre**, qui construit, avec rigueur, une progression de thèmes et de méditations. Puisque les livres V à X sont lus dans le cadre d'une préparation à un examen, il est préférable d'être guidé pour bien cerner cette construction et ces enjeux essentiels.

D'où l'objet de cet ouvrage qui est d'orienter la lecture des *Caractères*, en introduisant d'abord le contexte de sa composition et ses échos dans l'histoire de la littérature. L'objectif est de bien **connaître l'époque de l'auteur** puisque c'est la matière même de son livre. Ensuite, l'ouvrage propose de regarder plus attentivement **les thèmes littéraires** abordés par l'auteur et d'analyser **les procédés récurrents** dans les textes. Après **un résumé de chaque livre**, une part de l'ouvrage est consacrée à **l'étude du style de La Bruyère et des faits de langue les plus importants**, visant à bien préparer les questions de grammaire. Afin de permettre une meilleure appropriation de l'œuvre, l'ouvrage suggère quelques activités et un classement de citations à apprendre en vue des dissertations. Plusieurs parcours, prolongements et lectures cursives sont proposés pour élargir la connaissance de l'œuvre et de l'objet d'étude au programme, « **La littérature d'idées, du XVIe siècle au XVIIIe siècle** », ainsi que pour approfondir la compréhension de l'angle problématique, « **la comédie sociale** ». Enfin, des exemples de **sujets permettent de s'entraîner à la dissertation, à l'explication linéaire et à la question de grammaire** et d'aborder plus sereinement les épreuves écrites et orales de français du Baccalauréat.

Étude approfondie de l'œuvre

Le contexte

Contexte littéraire et culturel

Le Grand Siècle : la monarchie absolue de Louis XIV

Les Caractères de La Bruyère permettent au lecteur de se plonger dans l'univers de la Cour de Louis XIV. Ils apparaissent comme un témoignage des intrigues nouées durant le règne de celui que l'on surnommait **le Roi Soleil**. Lorsque décède le cardinal Mazarin en 1661, le jeune Roi décide d'instaurer une monarchie absolue. Il entend être l'autorité suprême du Royaume et de prendre en charge, personnellement, toutes les affaires importantes de l'État. Afin d'éviter les frondes (mouvements de révoltes des seigneurs) et les dissensions, il réunit autour de lui, à **Versailles**, dès 1682, quelques hommes de confiance pour le conseiller.

Des milliers de nobles fréquentent ainsi la résidence du Roi, celle-ci étant éloignée de Paris et offrant une villégiature de choix aux courtisans et aux ambitieux. **Le pouvoir royal se met en scène**, du Petit Lever à la cérémonie du Coucher, créant ainsi autour du monarque tout un décorum, propice aux arts, aux déguisements, aux séductions et aux manœuvres politiques.

Le règne de Louis XIV est traversé par des **guerres** (33 ans sur l'ensemble du règne). Le Roi fait de l'expansion territoriale une priorité. Il encourage la formation militaire et considère que le rayonnement de la France passe par les victoires sur les champs de bataille. Ainsi les conflits l'opposent successivement aux Pays-Bas, à l'Angleterre, à l'Espagne. Il affronte la Ligue d'Augsbourg, coalition de royaumes ennemis, emmenée entre autres par Guillaume d'Orange.

La révocation de l'Edit de Nantes

La Bruyère est un **auteur chrétien** qui évolue dans une période troublée sur le plan religieux. En effet, depuis la Réforme, le statut des protestants est très controversé dans le Royaume de France. Cherchant à affirmer son autorité et à garantir l'unité des provinces, Louis XIV annule l'édit de Nantes, qu'avait promulgué son aïeul Henri IV en 1598. Près d'un siècle plus tard, l'édit de Fontainebleau de 1685 interdit le culte protestant partout en France. La destruction des temples et les injonctions à la conversion entraînent un exil massif de protestants vers des royaumes frontaliers.

Le parti dévot et les cabales

Les jésuites exercent une grande influence à la Cour, et parmi eux un groupe que l'on surnomme les « dévots ». Ils ont à cœur de rétablir un ordre moral dans le Royaume et de lutter contre toute atteinte aux bonnes mœurs. La **Compagnie du Saint-Sacrement**, fondée en 1627, constitue le noyau de ce parti dévot, critique et intransigeant. C'est ce groupe qui conduit la cabale contre Molière pour *l'École des femmes* en 1662, ou celle contre le *Tartuffe* dès 1664.

Le libertinage : un mouvement littéraire réprimé

En résistance au conformisme moral et religieux de l'époque, s'insurgent quelques élites. Ces dernières développent un goût pour la provocation et l'affirmation d'une liberté outrageuse dans leurs écrits. On peut penser à **Gassendi**, à **Cyrano de Bergerac**, à **Théophile de Viau**. S'exposant à la censure, ces auteurs revendiquent leur scepticisme et parfois même leur athéisme. C'est entre autres pour lutter contre le vide moral dans lequel se complaisent parfois les libertins que l'œuvre de La Bruyère se construit comme un manifeste et un guide de mœurs.

La littérature du XVIIe : entre baroque et classicisme

La littérature du Grand Siècle oppose deux grands courants, aux enjeux quasiment antagonistes.

Le baroque se caractérise par **une esthétique du paraître**. Les auteurs, et plus généralement les artistes baroques, cherchent à éblouir le lecteur, spectateur ou auditeur, par l'agencement virtuose d'éléments trompeurs, d'objets artificiels, d'**illusions** et de fantaisies. L'enjeu est de capter l'attention par l'excès, par l'extraordinaire, par l'instabilité des formes. Les raffinements du style développent une vision contrastée de la réalité : les choses qui nous apparaissent ne sont pas toujours réellement celles qu'elles sont. ***L'Illusion comique* de Corneille** est un parfait exemple de la mise en œuvre de l'esthétique baroque : chacun joue un rôle ambigu et semble porter un masque. L'idée en filigrane est celle d'une société mensongère qui joue une comédie dont l'homme vertueux est parfois la dupe.

Le classicisme est, au contraire, un mouvement de la **mesure**. L'enjeu est, tout à l'inverse, d'instaurer dans les œuvres une parfaite harmonie, de charmer par la **rigueur** des ouvrages, par la vraisemblance des caractères. Les auteurs et artistes classiques s'emparent des écrits des **Anciens** (ceux de l'Antiquité grecque et latine) pour les imiter et les donner humblement à lire, à voir, à entendre, aux goûts du siècle. L'enjeu est d'offrir des modèles de vertu, capables d'inspirer l'homme en **quête de perfection morale**. Les pièces de **Racine** offrent l'exemple parfait de cette visée, pour laquelle on oppose aux passions destructrices la raison honorable et la maîtrise de soi. Ce souci de la rigueur et de la fidélité aux textes antiques est un des enjeux fondamentaux des *Caractères*.

La Querelle des Anciens et des Modernes

Dans le dernier tiers du siècle, un débat agite la scène littéraire française. Les érudits se disputent pour savoir si les Anciens, à savoir les auteurs de la civilisation gréco-latine, sont indépassables ou si les Modernes, auteurs du siècle, peuvent prétendre créer des œuvres originales à la hauteur des ancêtres de la culture occidentale. D'un côté, le parti des Anciens affirme que la matière des œuvres nouvelles doit puiser à la source du génie des maîtres antiques et **imiter** au mieux les structures dont les artistes du XVIIe siècle ont hérité. De l'autre, le parti des Modernes soutient que **l'inspiration** peut venir des croyances, des coutumes et des récits des temps récents (littératures médiévale, humaniste ou folklorique).

Charles Perrault tient en 1687 un discours en vers à l'Académie française, intitulé « Le Siècle de Louis le Grand », dans lequel il défend l'idée d'un **progrès en art** et va même jusqu'à dire que le siècle de Louis XIV surpasse celui de l'empereur Auguste. Cette querelle se crispe autour de différents événements, comme la traduction polémique des épopées d'Homère. Les Modernes sont favorables à une adaptation du texte tandis que les Anciens ne jurent que par une fidélité littérale aux chants de l'aède.

Ce sont les Anciens qui sortiront vainqueurs de cette dispute, victoire qui aura un impact très fort sur le XVIIIe siècle, pris entre la tentation d'offrir une littérature neuve et actuelle et le respect inconditionnel des cadres et des figures antiques.

Parmi les Modernes, on peut citer Perrault, Fontenelle et Saint-Evremond. Parmi les Anciens, on compte Boileau, La Fontaine et La Bruyère.

L'auteur dans son temps

Qui est Jean de La Bruyère ?

Jean de La Bruyère naît à Paris en août 1645. Il grandit dans une famille de petite bourgeoisie dont on ne sait quasiment rien. Il apprend le grec, l'allemand et le latin avant d'entamer des **études de droit**. Il obtient le statut d'avocat au Parlement de Paris mais ne semble pas avoir plaidé. Il acquiert une charge de trésorier général des finances en 1673 et se consacre principalement à la lecture.

En 1684, débute son ascension sociale. Il devient **le précepteur du Duc de Bourbon**, petit-fils du Grand Condé, grâce à la recommandation de Bossuet. Il pénètre une société de puissants au château de Chantilly, ou à l'Hôtel des Condé à Paris, et aiguise son regard critique, observant les mœurs des nobles. Il cesse d'enseigner au jeune Duc en 1687 et reste secrétaire et bibliothécaire des Condé. Il est introduit à la **Cour de Versailles** où il peut puiser la matière des portraits et des remarques qui alimenteront ses *Caractères*, de 1688 à sa mort.

Dès la première édition de son livre, le succès est immédiat. Il bénéficie de relations solides à la Cour, parmi lesquels des dévots, des gentilshommes et des auteurs en vogue. **Élu à l'Académie française** en 1693, il meurt d'une attaque d'apoplexie en 1696.

L'entourage de l'auteur : le Petit Concile

Le célèbre **Bossuet**, évêque de Meaux, penseur jésuite et grand prédicateur, précepteur du Dauphin, connu pour ses sermons et ses oraisons funèbres, et membre de l'Académie française dès 1671, réunit autour de lui des **intellectuels chrétiens** pour y commenter la Bible et discuter de grandes questions littéraires et philosophiques de son temps. Ce groupe, surnommé « le Petit Concile » (le terme fait référence aux Conciles de la chrétienté qui sont des assemblées d'évêques et théologiens statuant sur les questions de discipline, de culte et de doctrine), accueille entre autres **Fénelon, Fleury et La Bruyère.** On y traduit des textes, on y parle de sciences et des affaires de la Cour. De nombreuses réflexions de La Bruyère ont pu naître dans ce salon avant de figurer dans son œuvre.

Les moralistes : une tradition française

Dans la continuité des humanistes chrétiens du XVIe siècle, les moralistes du Grand Siècle énoncent les vérités universelles qui permettent de mieux comprendre l'homme et d'en guider la conduite en société. Empruntant différentes formes, la littérature morale s'oriente vers **une esthétique de la brièveté**. L'enjeu, pour les moralistes, est de dire en peu de mots et de la façon la plus claire et précise, la leçon à méditer. C'est au lecteur qu'il convient d'épaissir la formule par sa propre réflexion et ses illustrations. L'auteur livre un condensé de sa pensée qui trouve application en de nombreuses occasions et divers contextes. Parmi les formes courtes célèbres, on a la **maxime**, inspirée de la forme antique, qui est une sentence, une pensée générale ramassée en une phrase ou deux. Les *Maximes et sentences morales* de **La Rochefoucauld** en sont l'exemple le plus illustre. La « **fable** » ou le « **caractère** » sont d'autres formes brèves qu'utilisent les moralistes. La « réflexion » et le « conte » sont des formes longues qui permettent un développement plus approfondi.

Le principe consiste à offrir un **divertissement mondain** – c'est-à-dire honorant les codes et l'étiquette de l'aristocratie – au sein duquel les paroles de sagesse se fraient un chemin. Selon le modèle du « **plaire et instruire** », les moralistes charment par la forme pour mieux communiquer le fond.

L'œuvre dans la production littéraire de l'auteur / réception et postérité de l'œuvre

Les Caractères: l'œuvre d'une vie

On peut dire de La Bruyère qu'il est l'homme d'un seul livre. Il a quarante-trois ans quand la première édition des *Caractères* paraît. L'œuvre est **remaniée et augmentée** tout au long des années qui suivent et donne même lieu à une neuvième et ultime édition posthume. Aux 420 premières remarques de 1688 s'ajoutent progressivement des centaines d'autres, pour arriver aux 1120 qui constituent l'œuvre complète. Le procédé d'enrichissement d'une œuvre unique est commun chez les philosophes et les moralistes : qu'on pense aux *Essais* de Montaigne, aux *Pensées* de Pascal, aux *Fables* de La Fontaine ou aux *Maximes* de La Rochefoucauld. La révision, la correction et l'enrichissement des fragments sont des pratiques anciennes qui trouvent leur origine dans l'Antiquité.

Fidèle justement au parti des Anciens, La Bruyère inscrit son texte dans un travail d'imitation des maîtres antiques. Ses *Caractères* seraient une méditation, une continuation et une adaptation des ***Caractères* de Théophraste** (un élève d'Aristote qui a vécu entre 371 et 288 avant J.-C.). Sa traduction du texte du penseur grec figure d'ailleurs en préambule de son ouvrage, comme pour en légitimer l'entreprise, le titre complet des premières éditions étant : *Les Caractères de Théophraste, traduits du grec, avec les Caractères ou les Mœurs de ce siècle*. Il s'éloigne en réalité du modèle par le style et par la **variété des formes** : remarques, portraits, blâmes, éloges, satires…

En 1693, La Bruyère prononce son discours de réception à l'Académie française. Peu avant sa mort, en 1696, il se lance dans l'écriture de *Dialogues sur le quiétisme*, un ouvrage au cœur d'une polémique sur le courant mystique chrétien du même nom.

La Bruyère : un précurseur des Lumières ?

La Bruyère exerce une influence considérable sur les auteurs de la fin du règne de Louis XIV. En adoptant une posture d'observateur des vices et vertus des courtisans, il ouvre la voie à une **littérature critique**, tout en nuances et soucieuse de **révéler la vérité derrière les apparences**. Aussi les *Mémoires* de Saint-Simon viennent-elles désacraliser le pouvoir royal, et Fénelon fait-il la satire du luxe de la Cour à travers *Les Aventures de Télémaque.*

Ce sont les Lumières qui paraissent être les premiers héritiers de la somme littéraire des *Caractères.* **Montesquieu**, en rédigeant les *Lettres persanes* (1721), retrouve l'aspect ludique des portraits de La Bruyère, et adopte la même méthode du regard oblique : Usbek et Rica sont spectateurs anonymes des mœurs de la Cour de France, qu'ils commentent avec le plus d'objectivité possible. **Voltaire**, quant à lui, critique, dans *l'Ingénu* (1767), les dérives du pouvoir religieux et l'influence des intrigants au sein du Royaume de France. Enfin, les théâtres de **Marivaux** et de **Beaumarchais** semblent également faire écho aux *Caractères* par l'accent mis sur les faux-semblants et les jeux de pouvoir dans les mœurs les plus anodines.

Trois siècles plus tard, sur les écrans de cinéma

Cette volonté de mettre en lumière les caractères les plus sournois et les manœuvres les plus habiles des courtisans et des hauts bourgeois se retrouve chez des cinéastes du XXe siècle.

Éric Rohmer tente une adaptation de l'œuvre de La Bruyère dans un moyen-métrage en 1965. Des comédiens jouent quelques portraits des *Caractères* sur une voix off qui lit le texte et parfois le commente. Cette citation du début du film illustre bien le lien entre l'auteur et le cinéaste :

> « L'écriture de La Bruyère et la narration cinématographique ont en commun leur objectivité. L'auteur des *Caractères* aborde l'homme de l'extérieur. »

En 1972, le film de **Luis Buñuel** intitulé *Le Charme discret de la bourgeoisie* prolonge ce sens de la dérision dans les portraits et les situations peintes. Les personnages sont prisonniers de leurs apparences et des codes mondains, au point qu'ils sont même projetés, dans une des séquences les plus fortes du film, sur une scène de théâtre afin d'y jouer leur propre rôle.

La construction des *Caractères*

Les Caractères: une somme discontinue

La première chose que l'on remarque lorsqu'on se lance dans la lecture des *Caractères* de La Bruyère, c'est l'aspect **fragmenté** du texte. Le lecteur d'aujourd'hui – et en particulier le lycéen qui prépare ses épreuves de baccalauréat – peut être dérouté par le nombre de remarques accumulées dans l'œuvre. Chaque paragraphe est dense et invite à un temps de réflexion, voire de débat. Les petites unités numérotées dans les différents livres de l'ouvrage se présentent comme des invitations à la discussion, à la méditation, quasiment à la manière de sujets de dissertation. Il est frustrant de lire trop vite *Les Caractères* et d'additionner les propos sans les faire résonner un moment en soi. Entre chaque paragraphe, avant de lire le numéro suivant, il paraît nécessaire de laisser décanter la pensée afin de la comprendre, de la ruminer en quelque sorte et de la mettre en perspective avec ce qui précède et/ou ce qui suit.

Cette manière de penser et d'écrire de façon discontinue est une caractéristique centrale des projets littéraires des moralistes du XVIIe siècle. Pascal, dans ses *Pensées*, et La Rochefoucauld, dans ses *Maximes*, procèdent aussi par « sauts », trouant le texte d'espaces dédiés au silence, à la pause, à la prise de recul. La Bruyère choisit d'écrire des **pièces détachées**, à la fois pour s'inscrire dans la tradition des Anciens mais aussi pour répondre à cette **mode de la brièveté** – on peut aisément imaginer que les maximes, fables et caractères étaient lus dans des salons et des cercles de courtisans pour le divertissement et l'instruction d'une société de lettrés. On est presque encouragé par l'auteur à lire au gré de ses envies et de ses besoins les caractères que l'on juge appropriés à sa situation et à son humeur. Comment ne pas être tenté de butiner au fil de ses envies et de ses préoccupations dans cette somme d'idées variées touchant à tellement de domaines de la vie sociale ?

Pourtant la lecture linéaire, même si elle se révèle plus fastidieuse, n'est pas dépourvue d'intérêt – surtout dans le cadre de la préparation de l'examen. Elle permet de retrouver une structure et un **jeu subtil d'échos entre les livres.**

Qu'est-ce qu'un caractère ?

Un caractère est une **forme brève**, qui se distingue, par sa longueur, de la maxime (forme encore plus concise) et de la pensée (forme plus développée). La Bruyère utilise le terme de « **remarque** » pour désigner ses paragraphes ; il entend par là suggérer que la forme est plus souple, plus variable que celles choisies par La Rochefoucauld ou Pascal. Une remarque peut être très courte (comme la première qui ouvre le livre V), ou plus étendue (comme celle qui ferme le livre X). La remarque consiste à se positionner, avec humilité, sur un élément précis (comme lorsqu'on dit : « puis-je ajouter une remarque ? »). Écrire des remarques, c'est **laisser ouverte la possibilité d'enrichir**, de nuancer, de réviser un point de vue, alors que les maximes et les pensées revêtent un aspect définitif et sentencieux.

Un caractère, c'est donc un texte (d'une phrase ou de plusieurs paragraphes) qui propose l'analyse d'un trait de mœurs, ou d'une **question morale.** Parfois il prend l'aspect d'une leçon, d'une considération universelle, à la manière d'une définition, parfois c'est un portrait (empruntant des noms propres aux théâtres de l'Antiquité grecque et latine), un pastiche (imitation d'un auteur célèbre, comme au caractère 30 du livre V), une injonction (il faut.../il ne faut pas...), ou encore une suite de questions rhétoriques.

Le titre et l'épigraphe : mœurs et moralité

Le titre, *Les Caractères ou les Mœurs de ce siècle*, informe à la fois sur le **genre** de l'œuvre (une série de remarques, plutôt courtes, à portée morale) et sur le **contenu** (un tableau le plus exhaustif possible des usages de la Cour au XVIIe siècle). Le terme « mœurs » renvoie aux habitudes, aux coutumes, aux usages d'une nation. Les mœurs sont les pratiques, bonnes ou mauvaises, des hommes de cette nation. Le lien avec la « morale » est structurel puisque l'étymologie est la même. Les mots « mœurs », « morale », « moralité » ont pour racine le **latin *mors, moris*** qui signifie coutume, habitude, dans le sens des conduites qu'une personne est amenée à répéter souvent. Par extension, on peut entendre les règles, les mentalités qui guident les comportements et les façons d'agir. Aussi la somme de La Bruyère se profile-t-elle comme un **manuel pratique** du bien-vivre autant qu'une synthèse des manières incorrectes de mener son existence en société. Le projet s'élabore au nom d'un ensemble de vertus que l'auteur ne nomme pas toujours explicitement : l'honnêteté, la tempérance, la bienséance, la fidélité, la loyauté, la constance…

Sous le titre, on trouve une citation d'**Érasme** en latin : « *Admonere voluimus, non mordere ; prodesse, non laedere ; consulere moribus hominum non officere* » que J. Chomarat traduit de la manière suivante : « J'ai voulu avertir et non mordre ; être utile, et non blesser ; servir la moralité, et non lui faire obstacle. »

La Bruyère paraît reprendre à son compte ce commentaire d'Érasme sur son œuvre *Éloge de la folie* (1511), et s'inscrire par la même occasion sous le patronage de l'**humaniste chrétien**, chanoine, théologien, précepteur, penseur des mœurs de son temps et illustre satiriste des Cours européennes. *Les Caractères* se présentent donc comme un texte moins inoffensif que la préface le suggère. Il y a bien une exposition aux dangers de la critique et des cabales, une véritable mise à l'épreuve de l'ouverture d'esprit de la société. En effet, ces « grands » que La Bruyère caricature constituent à la fois son lectorat et la cible de ses **satires**.

La préface

Dans sa préface, La Bruyère indique précisément les ambitions qui sont les siennes dans ses *Caractères*. Il insiste particulièrement sur l'**impératif de vérité**, qui pourrait rappeler l'ouverture du *Discours de la méthode* de René **Descartes** (1637), qui se fixait le devoir de « distinguer le vrai d'avec le faux ». La Bruyère vise les

« vérités qui doivent instruire » et s'engage à ne guère dévier de la voie la plus courte et la plus efficace pour rendre compte de ces enseignements. Il admet que le plaisir peut être un moyen – car le lecteur est mieux disposé ainsi à être instruit – mais en aucun cas une fin. Il se situe donc dans l'héritage de *l'Art poétique* d'Horace qui prescrivait le ***placere et docere*** (« plaire et instruire ») comme préceptes fondamentaux de la création littéraire.

Il suggère par ailleurs que l'œuvre donne à voir un tableau fidèle de la société de son temps : « Je rends au public ce qu'il m'a prêté : j'ai emprunté de lui la matière de cet ouvrage », ou encore « je les [caractères/mœurs] tire souvent de la cour de France et des hommes de ma nation ». Beaucoup de lecteurs contemporains de La Bruyère s'amusèrent à lire les *Caractères* comme un **texte à clefs**, cherchant derrière tel portrait, telle remarque, un courtisan en particulier. Si l'auteur ne nomme pas souvent les personnages réels qui ont inspiré ses propos, il est possible de jouer à retrouver untel ou unetelle derrière les textes. La valeur de l'ouvrage excède, bien sûr, cette dimension cryptée, ainsi que l'affirme la suite de la préface :

« On ne peut néanmoins les restreindre à une seule cour ni les renfermer en un seul pays sans que mon livre ne perde beaucoup de son étendue et de son utilité, ne s'écarte du plan que je me suis fixé d'y **peindre les hommes en général**. »

Les Caractères : 16 livres en un

Les Caractères sont constitués de 16 livres, qui sont comme autant d'entrées indépendantes dans l'œuvre.

Rappelons-en les titres :

I. *Des Ouvrages de l'Esprit*

II. *Du Mérite Personnel*

III. *Des Femmes*

IV. *Du Cœur*

V. *De la Société et de la Conversation*

VI. *Des Biens de Fortune*

VII. ***De la Ville***

VIII. ***De la Cour***

IX. ***Des Grands***

X. ***Du Souverain ou de la République***

XI. *De l'Homme*

XII. *Des Jugements*

XIII. *De la Mode*

XIV. *De Quelques Usages*

XV. *De la Chaire*

XVI. *Des Esprits Forts*

Même si le *bulletin officiel* limite la lecture et l'étude aux **livres V à X**, il est intéressant de connaître les intitulés des livres au-delà des bornes fixées pour resituer le parcours dans l'entreprise intégrale de l'auteur. Il n'est pas utile de lire les livres I à IV et XI à XVI pour bien comprendre l'extrait des *Caractères* retenu par le programme, mais il peut être nécessaire d'observer le déploiement des thèses et des problématiques sur les seize livres pour mieux cerner les intentions de l'auteur.

L'objectif de La Bruyère n'est pas, à l'évidence, d'offrir un traité. *Les Caractères* ne cherchent pas à créer un système. Cependant, il livre ses remarques dans un **tout cohérent**, facilitant la fréquentation de l'œuvre par le lecteur et initiant une **progression des thèmes.** Le dernier chapitre, « Des Esprits Forts », pourrait constituer l'horizon de l'ouvrage, qui revendique dans le livre de clôture son **ambition apologétique** (c'est-à-dire cherchant à défendre et à promouvoir la doctrine chrétienne). Le chapitre qui le précède, « De la Chaire », fait bien référence aux prédicateurs, aux éloquents qui parlent en l'église et prêchent la parole de Dieu. Ce thème est déjà développé dans les chapitres précédents, débusquant, par des portraits satiriques ou des pointes critiques, les faux-dévots et les mœurs hypocrites du siècle (« De la Mode » et « De quelques usages »). Les chapitres XI et XII construisent une anthropologie à la faveur de remarques sur les vices et vertus des hommes du siècle, qu'ils soient issus de la noblesse de robes (avocats, juges, magistrats), du clergé, ou de la haute bourgeoisie.

Dans les premiers chapitres de l'ouvrage, La Bruyère expose sa démarche et fait démonstration de son humilité, afin de répondre aux exigences de la ***captatio benevolentiae*** de tout ouvrage de ce type. La *captatio benevolentiae* est le procédé par lequel un auteur attire la sympathie de son lecteur, sa bienveillance, dès le début d'un discours. En supposant que tout a déjà été dit (« Tout est dit, et l'on vient trop tard depuis plus de sept mille ans qu'il y a des hommes qui pensent. »), La Bruyère anticipe les éventuels reproches de son lectorat. Son objectif n'est pas l'originalité du propos mais sa véracité. L'entrée dans la « méthode » (au sens de la route, du chemin) assez particulière des *Caractères* se fait justement par des remarques sur la production littéraire. En avançant aux chapitres II, III et IV, on plonge dans la logique de l'annotation, processus qui va d'un objet à l'autre sans s'y arrêter plus de temps que nécessaire à l'expression d'une vérité essentielle. **Par enchâssement**, un propos peut en appeler un autre comme le livre I qui appelle la question du mérite, celle du mérite qui conduit à interroger la place des femmes dans la société (« Les hommes et les femmes conviennent rarement sur le mérite d'une femme ; leurs intérêts sont trop différents », III, 1), celle des femmes qui conduit au thème de l'amour du chapitre IV, *Du Cœur*, etc.

Les livres V, VI, VII, VIII, IX et X : une gradation au cœur des *Caractères*

Si les livres V à X ont été retenus dans le bulletin officiel pour le baccalauréat, ce n'est pas parce que ce sont les livres les plus faciles d'accès ou les plus courts (tous les chapitres regorgent de subtilités et sont de longueur à peu près similaire) mais peut-être parce qu'ils forment une **unité** au centre des *Caractères*. Ils paraissent développer un même axe problématique dont l'intitulé du parcours associé rend compte : « **la comédie sociale** ». Si le chapitre V observe les travers des relations sociales, les hypocrisies et les vices des langues fourchues de courtisans peu scrupuleux, le chapitre X tire toutes les conséquences des mauvaises mœurs à la Cour afin de jeter les bases d'une pédagogie vertueuse pour le roi.

Ainsi, il y a comme une **gradation ascendante** qui irait de la société civile au monarque, en passant par la bourgeoisie, la noblesse et la plus haute aristocratie. La Bruyère procèderait par cercles concentriques pour mieux resserrer, au livre X, l'essentiel des leçons à destination du prince. Ce dernier livre est un moment central de l'œuvre, tant par sa place dans l'économie des *Caractères* (neuf chapitres le précèdent et six lui succèdent) que par l'importance des remarques. Les livres XI à XVI se feront plus abstraits, plus universels, jusqu'à atteindre un second **sommet** : Dieu. Par conséquent, on peut voir comme une double ascension, la première qui va de la Société au Souverain, des livres V à X, et la seconde qui va de l'Homme à Dieu, des livres XI à XVI.

Comprendre les livres V à X

Le livre V : *De la Société et de la Conversation* (83 remarques)

Si l'on entre dans *les Caractères* par le livre V, on est tout de suite surpris de trouver dès la première remarque le **terme « caractère »**, en un sens assez usuel. Dans la phrase qui ouvre ce livre – « Un caractère bien fade est celui de n'en avoir aucun » – le terme ne renvoie pas à la forme des remarques ni au genre concis des morales du recueil. Pourtant cet écho au titre de l'ouvrage semble bien conférer au projet mené dans cette section une place singulière. C'est l'objet même de l'entreprise littéraire des *Caractères* qui est en jeu. Le mot « caractère » revêt ici le sens de **trait distinctif**, soit ce qui constitue la marque particulière d'un sujet. L'expression « avoir du caractère » signifie se distinguer par un tempérament, une âme différente des autres, une force d'esprit qui situe l'individu en résistance aux aléas et aux contraintes extérieures. C'est par le caractère qu'une personne se différencie d'une autre. En attaquant d'emblée le **« caractère bien fade »**, La Bruyère vise l'homme qui se laisse porter par les mœurs de son temps, sans les observer, les réviser, les réfuter. On emploie aujourd'hui le terme « fade » pour désigner une chose sans saveur. Lorsque l'auteur l'attribue au caractère, il faut comprendre qu'il cible un type de personne insipide, voire complaisante. On peut lire dans cette attaque de la fadeur, l'excès de flagornerie, de flatterie dans les échanges, qui effacent l'identité du flatteur, prêt à n'être quasiment plus rien pour recueillir les bénéfices de ses compliments (à un plus puissant par exemple).

Cette **critique de la vacuité** dans les échanges mondains se poursuit dans les remarques 2 à 5. La Bruyère accuse les sots, les esprits faibles et inconséquents de remplir de mots des conversations sans substance, de « faire quelque chose de rien ». La remarque 6 et le portrait d'Acis initient une **satire de la préciosité**. Sont visés les mondains qui usent d'une langue jargonneuse pour dire les choses les plus simples. Il naît de ces échanges de « pompeux galimatias », soit des formules artificielles, cherchant l'élégance avant le sens et rendant toute communication impossible. On pense aux scènes des *Précieuses ridicules* (1659) et des *Femmes savantes* (1672), dans lesquelles Molière caricaturait aussi ces dérives du langage dans les milieux lettrés.

Parmi les remarques importantes de ce livre, on peut retenir :

- le portrait d'*Arrias* (V, 9), qui est l'archétype du fanfaron, du menteur éloquent ;
- le portrait de *Théodecte* (V, 12), le fat, c'est-à-dire le sot prétentieux, et glouton, qui n'a de complaisance que pour lui-même ;
- le portrait de *Troïle* (V, 13), l'escroc, le voleur, l'usurier, le profiteur, le beau parleur qui s'insinue chez les autres ;
- les remarques 15 à 22 font l'éloge du silence et de la tempérance dans les échanges. L'honnête homme sait se taire et ne parler qu'à-propos ;
- la remarque 30 est une parodie de Montaigne. La Bruyère imite le style de l'auteur des *Essais* pour poursuivre les leçons sur l'honnête homme ;
- le portrait de *Cléante* (V, 43), honnête homme marié à une femme raisonnable. Le couple ne parvient pas à unir les vertus des deux individus. Sont-ils victimes d'illusions ? Trop méritants pour supporter la concurrence de mérite ? ;
- les remarques 38 à 50 parlent de la famille ;
- le portrait de *Théobalde* (V, 66), le poète illustre, galant, mais vieillissant ;
- le portrait d'*Hermagoras* (V, 74), le pédant, à savoir qui fait étalage d'un savoir qu'il ne possède pas ;
- le livre se clôt sur une remarque très concise sur le sage, qui parfois « évite le monde ».

Le livre VI : *Des Biens de Fortune* (83 remarques)

Dans ce chapitre, il est question de la fortune, c'est-à-dire **ce qui nous est donné** et non acquis, à la différence du mérite et de la vertu – que l'on doit cultiver par un travail sur soi. Le mot « fortune » est à entendre ici au sens du **latin *fortuna*** qui désigne le sort, la destinée (heureuse ou malheureuse), la chance, mais aussi par extension les conditions de la naissance et donc le rang (notre place dans la hiérarchie sociale). Dans la mythologie gréco-latine, la Fortune est une divinité qui préside aux hasards de la vie, semant sur les chemins des hommes des accidents, tantôt favorables, tantôt défavorables.

Mais le terme peut aussi directement faire référence à **l'argent**. Il en est question dans le chapitre, qui traite de mobilité sociale par enrichissement et manœuvres sournoises. Comme Molière le fit dans *le Bourgeois gentilhomme* ou dans *Georges Dandin,* La Bruyère raille la bourgeoisie parvenue qui singe les mœurs de la noblesse sans en comprendre les codes. Il cible une catégorie sociale en particulier qu'il appelle les « Partisans », abrégé par les lettres **PTS**. Ces initiales constituent une fausse énigme et l'on serait en peine de retrouver un mot derrière chacune des lettres. L'auteur joue ici, au fil des éditions successives, avec les lecteurs avides de clefs et d'adresses cryptées. Il caricature cette classe de la population sans faire explicitement référence à un groupe. Elle englobe les financiers, intrigants, les nouveaux riches, les usuriers, etc. Soit tous **ceux qui déséquilibrent l'ordre social** en acquérant du pouvoir en même temps que des biens. Sous le masque de la vertu, ces PTS fragilisent une société qui idolâtre l'argent et la réussite pécuniaire.

Le dernier sens du mot « fortune » pourrait permettre une autre interprétation. La Bruyère est peut-être ironique dans la formule « biens de fortune » si l'on y entend quelque chose de similaire aux expressions *un radeau de fortune* ou une *cabane de fortune.* « De fortune » voudrait dire **peu fiable**, fait avec les moyens du bord, partiel, vulnérable, etc. Les biens de fortune seraient des biens mal acquis, des possessions douteuses et des enrichissements trop rapides pour être durables.

Parmi les remarques importantes de ce livre, on peut retenir :

- les premières remarques du livre, qui resituent les états de la société du siècle : « l'épée » désigne la noblesse, « la robe » désigne la magistrature, « l'Église » désigne évidemment le clergé, « le bourgeois » désigne cette classe mobile qui peut s'élever du roturier au courtisan, ou du paysan au diplomate, par des mariages stratégiques et/ou par quelques mensonges ;
- le portrait de *Clitiphon* (VI, 12), l'homme qui se comporte comme un ours, qui ne veut recevoir personne, qui se donne l'air important en demeurant inaccessible ;
- la remarque 14, qui introduit les fameux PTS ;
- le portrait de *Sosie* (VI, 15), le serviteur qui gravit tous les échelons de la société ;
- les remarques 19 à 58, qui dénoncent les stratagèmes vicieux que les partisans utilisent pour s'enrichir et gagner du pouvoir ;
- les remarques 59 à 70, qui évoquent la question de l'héritage ;
- le portrait de *Zénobie* (VI, 78), la reine dispendieuse ;
- le portrait double, et antagoniste, de *Giton* et *Phédon* (VI, 83), le premier est riche, le second est pauvre. Les deux portraits sont construits en opposition tant sur le plan physique que moral.

Le livre VII : *De la Ville* (22 remarques)

Ce chapitre porte sur la ville de Paris. Il est intéressant de noter que le titre « De la Ville » laisse planer un maigre doute sur la cité concernée. Dans la tradition latine, la Ville désigne ordinairement Rome, siège de la République, de l'Empire puis de la chrétienté (***Urbs*** dans les textes latins fait quasiment toujours référence à la cité romaine). La première remarque lève toute ambiguïté : « L'on se donne à **Paris**… ». La Bruyère montre dans cette section combien les habitants de Paris ont le sentiment que tout s'y joue et qu'ils sont au centre du monde. L'auteur oppose ainsi plusieurs systèmes : la Ville et la Cour (« Paris pour l'ordinaire le singe de la Cour », VII, 15), la Ville et la campagne (« On s'élève à la ville dans une indifférence grossière des choses rurales et champêtres », VII, 21), les hommes et les femmes de la ville. La Bruyère voit en Paris un **lieu de corruptions et de manigances.**

Parmi les remarques importantes de ce livre, on peut retenir :

- les remarques 3 et 4, qui comparent la ville à un théâtre. Les Parisiens agissent comme des personnages sur une scène ;
- les remarques 9 et 10, qui font le portrait des *Crispins* et des *Sannions*, marchands qui font beaucoup de bruit autour des dépenses qu'ils effectuent, dans le but d'éblouir le plus grand nombre ;
- le portrait de *Narcisse* (VII, 12), le galant qui passe ses journées à ne rien faire d'important ;
- le portrait de *Théramène* (VII, 14), l'héritier que toutes les femmes, de la ville et de la campagne, veulent épouser ;
- la remarque 22, qui oppose les vertus de la Rome antique aux vices du Paris du Grand Siècle.

Le livre VIII : *De la Cour* (101 remarques)

Après le détour par la ville de Paris, ce chapitre pénètre au cœur de la cible du moraliste : les mœurs de la Cour et ses innombrables travers. Le lecteur est principalement invité à **Versailles**, mais les portraits et les notes de La Bruyère poursuivent leur ambition de généralité. Derrière les comportements des courtisans, on peut analyser les dérives possibles de **toute Cour**. L'excès de mondanité, soit la vanité des convenances, des étiquettes, des modes et des brigues, est attaqué avec virulence. Le livre poursuit la quête de vérité que se fixe l'auteur dès les premiers caractères (voir Préface). Il s'agit de **lever le voile** et de découvrir tous les **stratagèmes de dissimulation.**

« De la Cour » approfondit ainsi la métaphore du ***theatrum mundi*** (le théâtre du monde), initiée dans les livres précédents, comparant les courtisans à des personnages sur une scène. Le propos poursuit son **mouvement centripète**, qui nous rapproche un peu plus du Roi. L'identification des rôles joués dans la comédie sociale prend ici le contre-pied d'une tradition littéraire qui avait, avant le XVIIe siècle, plutôt tendance à glorifier les cours et les entourages princiers. Les littératures espagnoles et italiennes vantaient un certain art de la tromperie, une habilité tout aristocratique à cacher, à masquer, à faire illusion. Il prend notamment le contrepied du célèbre manuel de Baldassare **Castaglione**, *Il Libro del Cortegiano* (*Le Livre du Courtisan,* 1528) et se rapproche ici de la verve de Molière dans *le Misanthrope* (1666).

Parmi les remarques importantes de ce livre, on peut retenir :

- la première et la dernière remarque du livre, qui se font écho (comme dans la plupart des livres de l'ouvrage) ;
- la seconde remarque, qui dresse, ironiquement, l'inventaire des « vertus » honorées à la Cour, consistant principalement à dissimuler ;
- la remarque 9, qui reprend l'idée de la singerie et fait écho à la formule du livre précédent (« Paris pour l'ordinaire le singe de la Cour », VII, 15) en faisant ici de la Cour le singe de la Royauté ;
- le portrait de *Ménophile* (VIII, 48), le courtisan masqué reconnaissable. La Bruyère montre ici le paradoxe des jeux de dissimulation qui attirent les regards au lieu de les détourner. Les courtisans sont à la vérité moins protéiformes qu'ils ne le rêvent ;
- le portrait de *Théonas* (VIII, 52), l'abbé qui médit contre l'ambition tant qu'il ne reçoit pas les honneurs d'une promotion. Lorsqu'il se voit nommé évêque, il retrouve tout son caractère ambitieux ;
- le portrait de *Théodote* (VIII, 61), le modeste, qui passe dans les sociétés, mondaines et savantes, sans peser et avec le masque de la bienveillance ;
- la remarque 64, qui file la métaphore du jeu d'échecs pour décrire les mécanismes de la Cour ;
- la remarque 66, qui est une des rares de l'ouvrage qui renvoie directement au statut de l'auteur : « Les deux tiers de ma vie sont écoulés, pourquoi tant m'inquiéter sur ce qui m'en reste ? » ;
- la remarque 74, qui décrit « une région » à la manière d'un texte utopique. Ce regard oblique et ironique sur la Cour fait penser au procédé critique que reprendra Montesquieu dans ses *Lettres persanes* en 1721 ;

- le portrait de *Straton* (VIII, 96), un héros, tantôt glorifié tantôt méprisé par la Cour ;
- la remarque 99, qui file la métaphore du *theatrum mundi* ;
- la remarque 100, qui est ambiguë, puisqu'après tant de critiques, La Bruyère soutient que la Cour est un lieu de beauté et d'ornement, précieux et unique au monde.

Le livre IX : *Des Grands* (56 remarques)

Ce chapitre est dédié à l'observation et à l'éducation des mœurs des **nobles**. Les « Grands » sont les plus proches du Roi, et ceux qui doivent cultiver une nature plus vertueuse encore que les autres, eu égard à leur statut et à leurs **responsabilités**. Les « Grands » doivent servir de modèle car tout vice prend une importance accrue du fait de sa mise en lumière par le reste de la société. Le constat est parfois amer dans cette section car certains aristocrates se comportent plus mal que des hommes du peuple.

Parmi les remarques importantes de ce livre, on peut retenir :

- le portrait de *Théagène* (IX, 2), jeune courtisan qui doit apprendre à être clairvoyant, à bien distinguer les vices et les vertus au sein des sociétés qu'il fréquente. Ce portrait pourrait être celui du Duc de Bourbon dont La Bruyère fut le précepteur ;
- le portrait de *Théophile* (IX, 15), l'ambitieux hypocrite, qui voudrait être plus grand que les grands ;
- la remarque 22, qui fait état des méfiances qu'on l'on a au sujet des conseillers du Roi et de la jalousie qu'ils font naître chez les courtisans ;
- la remarque 23, qui raille la mode des noms mythologiques et antiques que les nobles donnent à leurs enfants (César, Achille, Diane…) ;
- la remarque 25, qui compare la condition des grands avec celle du peuple ;
- la remarque 41, qui propose de méditer le sens des rôles attribués par la fortune ;

- le portrait de *Théognis* (IX, 48), le narcissique, imbu de lui-même, rendant des services hypocrites ;
- le portrait de *Pamphile* (IX, 50), le vaniteux, agissant en toute circonstance comme sur une scène de théâtre, à l'aise dans toutes les sphères mondaines, s'adaptant parfaitement à toutes les convenances et à toutes les modes ;
- la remarque 53, qui conclut une égalité de malheurs et de vices du peuple à la Cour, en passant par la Ville.

Le livre X : *Du Souverain ou de la République* (35 remarques)

Point culminant de cette progression sur six livres, le chapitre dédié au Roi se fait encore plus pédagogique que les précédents. Il convient ici d'offrir un guidage clair et précis à tout **prince en formation.** Moins acerbe et moins satirique, le livre X emprunte davantage à l'expérience du précepteur que fut La Bruyère – comme d'autres moralistes de son temps (Fénelon, Bossuet). Il établit les règles que doit suivre un **monarque éclairé**, parcourant les difficultés qui peuvent jalonner le parcours d'un gouvernant (la guerre, les trahisons, l'ambition des courtisans, la voix du peuple…).

Parmi les remarques importantes de ce livre, on peut retenir :

- la première remarque, qui exhorte le lecteur, autant que le Prince, à respecter la forme du gouvernement dans laquelle il est né. Cette injonction liminaire est fondamentale : La Bruyère postule que l'ordre social ne s'instaure que par une fidélité de tous (gouvernant compris) aux us et coutumes de la nation. Il déjoue, dans le même temps, toute tentation à la tyrannie,
- les remarques suivantes, qui poursuivent ce postulat de départ en traitant la question du despotisme et du rapport au peuple ;
- la remarque 9, qui est un éloge funèbre du chevalier de Soyecour et une critique de la guerre (le ton annonce les textes de Voltaire sur le même thème) ;
- le portrait double de *Démophile* à droite et de *Basilide* à gauche (X, 11), le premier est du côté du peuple et voit en la guerre toutes les pertes et tous les désagréments, le second est du côté du Roi

et ne voit qu'une série d'honneurs et de gains. Rappelons que Louis XIV avait entrepris une campagne militaire coûteuse et largement contestée par ses sujets ;

- la remarque 12, qui est particulièrement longue. Elle traite de l'habileté des ministres à dissimuler, à tromper, à tirer les ficèles de la République, à être protéiformes (qui peut changer aisément d'apparence, comme un caméléon). Cette remarque est intéressante car elle montre que l'étude des caractères et des mœurs (soit l'étude même menée par La Bruyère) peut être utilisée à des fins politiques. On peut voir ici une allusion au *Prince* de Machiavel (1532) ;
- la remarque 29, qui utilise la métaphore du berger et du troupeau pour désigner la responsabilité et les devoirs du Roi envers son peuple ;
- la remarque 35, particulièrement longue encore (alors qu'elle rappelle le devoir de laconisme du Roi, c'est-à-dire l'éthique de la parole brève dans la communication d'État), qui est un portrait élogieux de Louis le Grand, homme qui doit pouvoir servir de modèle à toute la société.

Les enjeux essentiels des *Caractères*, livres V à X

L'élégance du style

L'œuvre de La Bruyère est un **édifice littéraire** qu'il convient d'apprécier tant par la forme que par le fond. Si le propos est si édifiant c'est parce que le style de l'auteur sait être efficace. L'originalité des *Caractères* tient à ce soin accordé à la langue dans l'expression des leçons morales et dans la composition des portraits.

D'abord, le texte étonne par la **variété des formes** : des textes brefs, resserrés, aux développements plus conséquents. Parfois la leçon se donne en une phrase, comme à l'ouverture du livre V, ou bien en une petite dissertation comme à la clôture du livre X.

Ensuite, c'est l'**emploi du vocabulaire**, riche en nuances, en polysémie, en échos. Un même mot peut englober plusieurs réalités, et la remarque a ainsi plusieurs degrés d'interprétation. Par exemple, lorsque La Bruyère écrit en V, 77 : « Les plus grandes choses n'ont besoin que d'être dites simplement, elles se gâtent par l'emphase », il faut envisager toutes les dimensions de l'emphase : sur le plan syntaxique au sens propre, car la tournure des phrases peut exagérer le propos, l'embrouiller, le donner avec trop de luxe, mais aussi sur le plan moral au sens figuré, car l'individu peut se montrer trop emphatique dans l'expression des choses, usant de trop de manières et de circonvolutions. On peut trouver de nombreux exemples de jeux polysémiques dans l'œuvre :

- la peur d'être ennuyé du sage en V, 83 renvoie à la fois à l'ennui, au sentiment de vide, qu'à l'embêtement, aux problèmes qui surviennent ;

- le fait de heurter en VIII, 15 renvoie tant à la dimension de choquer, de contrarier, qu'à celle plus concrète d'utiliser un heurtoir pour frapper à une porte.

Le vocabulaire peut être particulièrement imagé dans certains paragraphes, l'auteur employant souvent la métaphore, ou la comparaison. Parmi les exemples nombreux on peut citer les « âmes sales pétries de boue et d'ordure » en VI, 58, les « hommes [qui] sont au souverain comme une monnaie dont il achète une place ou une victoire » en X, 25, ou encore l'image plus central du théâtre-monde comme en VIII, 99.

Enfin, c'est l'impératif de **simplicité** et de brièveté qui s'illustre principalement dans l'œuvre de La Bruyère, impératif propre aux moralistes du XVIIe siècle (hérité de préceptes antiques) consistant à exprimer le plus en disant le moins. L'idée est de fuir tout ornement, toute préciosité, toute vanité des discours pour aller à l'essentiel. C'est aussi une injonction pour la prise de parole du Roi, soumis à l'***imperatoria brevitas*** – la parole doit être efficace, marquer les esprits et écarter toute confusion, tout terme inutile et tout accent superficiel. Cette recherche pourrait s'apparenter à une marche périlleuse, une ligne de crête entre le trop et le trop peu, et on sent que La Bruyère oscille entre le laconisme extrême (il limite la remarque à quelques mots) et le jeu plus facétieux de portraits détaillés. L'exigence de la concision se retrouve en réalité souvent par la coupe des textes, par les effets de chute, par le dernier mot, cinglant, qui achève un paragraphe et détrône un sujet caricaturé.

Les auteurs moralistes contemporains de La Bruyère honorent bien souvent cette exigence ; qu'on pense à La Fontaine dans « le pouvoir des fables » : l'orateur triomphe de son auditoire par « un trait de fable », illustrant l'efficacité de l'apologue pour marquer les esprits, et notamment de la forme courte. Qu'on pense aux *Maximes* de la Rochefoucauld ou aux vers de Boileau dans son *Art poétique*. L'enjeu est de **s'opposer au pédantisme**, c'est-à-dire à la tendance d'enseigner sans savoir, de transmettre des vérités en embrouillant les esprits ou en se donnant des allures de sage.

La comédie sociale

L'œuvre étant principalement composée de portraits, il est possible de l'aborder comme une galerie, comme une comédie sociale, ou même comme une « **comédie humaine** », au sens où toute une époque prend vie par la fréquentation de personnages emblématiques qui peuplent la société. L'expression « comédie humaine » peut s'entendre comme dans le titre de l'œuvre de Balzac : près de deux siècles après La Bruyère, le romancier mène une étude assez comparable des mœurs de son temps. En effet, par la fiction, Balzac explore les vices des hommes de son siècle et lègue une véritable nomenclature aux générations suivantes, caractérisant des personnages typiques de la première moitié du XIXe siècle. Il justifie le titre de sa saga romanesque par son ambition de « faire **l'inventaire de la société française** ». D'autant que le plan qu'il érige en 1842 propose une partie « Étude de mœurs », qui sera la plus largement alimentée par l'auteur (pensons au *Père Goriot*, aux *Illusions perdues*, ou à *Eugénie Grandet*, rangés *a posteriori* dans cette section).

Dire que les livres V à X des *Caractères* de La Bruyère peignent une « comédie sociale », c'est suggérer l'idée d'un **système** – l'œuvre entière composerait un schéma construit des identités remarquables du siècle et permettrait une **classification des mœurs**. Le croisement des personnages ou la récurrence de certains caractères confirment cette grille de lecture. L'auteur est un observateur de sa société et opère des distinctions. Il range les faits observés et inventorie les traits dominants. Par un jeu d'échos et de contrastes, il clarifie pour le lecteur ce qui se joue dans les interactions et les situations communes en son siècle. D'où la pertinence du terme « comédie », qui rapproche le travail de La Bruyère de celui d'un dramaturge, qui induit la tonalité humoristique comme élément important des caricatures, et qui assume une certaine distance avec le réel social.

Les Caractères ne sont pas comiques au sens commun du terme. Le texte ne semble pas exclusivement viser le rire du lecteur, hormis dans quelques remarques, mais une méditation, une réflexion approfondie. Le terme comédie renvoie plutôt à l'idée de divertissement, et ici c'est un **divertissement sérieux**. L'œuvre se rapproche davantage des grandes comédies de Molière, comme *le Misanthrope* ou *le Tartuffe* (qui réclament une attention critique, une réflexion nourrie), que des farces comme *Les Précieuses ridicules* ou *Georges Dandin*. Le rire dans les grandes comédies est généré par le principe de complicité, soit lorsque le propos ironique est saisi par le spectateur et que la cible des critiques peut être raillée. Le rire de la farce est plus naïf et intègre plus rarement des degrés supérieurs de compréhension.

En donnant des noms aux différents acteurs de la société, La Bruyère reproduit la réalité, la singe pour mieux la donner à comprendre. *Les Caractères* donnent alors à voir une représentation des mœurs qui critiquent les institutions, les excès, les préjugés et les manœuvres fallacieuses. La comédie sociale s'imprègne donc d'une **dimension contestataire** puisque les critiques visent la fausse dévotion, les apparences de modestie, l'ambition des bourgeois ou l'orgueil des puissants. Du livre V à X, une hiérarchie sociale apparaît, du peuple au Souverain, du monde rural au sommet de la Cour.

La problématique du parcours associé à l'étude de l'œuvre consiste donc à évaluer les **procédés de mise en représentation des mœurs** du Grand Siècle par La Bruyère dans ces six livres. Dans les dissertations, il s'agira souvent de trouver des arguments et des exemples mesurant les écarts de la réalité sociale à la caricature. Comme si l'on étudiait une comédie moliéresque, le parcours propose de retrouver les mécanismes du théâtre, de la dramaturgie et de la mise en scène dans le texte, mais aussi de lire la section comme une **anthropologie** – soit ici une étude philosophique de la nature humaine par l'exemple d'une peinture sociale pointilleuse. Bien avant la naissance de la discipline, La Bruyère nous offre une sociologie de son milieu dans une langue virtuose avec laquelle le lycéen est invité à se familiariser.

Définir et guider « l'honnête homme »

Les livres V à X des *Caractères* s'apparentent à un guide pour l'honnête homme. Si Castiglione et Montaigne initient à la Renaissance une réflexion sur les **vertus de l'homme de cour**, c'est au XVIIe siècle que la notion se codifie. On retrouve chez La Fontaine, La Rochefoucauld ou Madame de Sévigné, cette ambition d'écrire pour former **l'idéal** homme de cour. Son comportement doit rejeter tout pédantisme, toute préciosité, et tout excès de manière générale. Il s'agit d'un être gouverné par le sens moral, souffrant plus que de coutume de la peur du déshonneur. L'honnête homme est cultivé, parle bien, est à l'aise en société, mais ne fait pas de ces vertus des outils stratégiques pour s'enorgueillir. Il n'est pas un ambitieux, instable et intriguant. Au contraire, son tempérament est constant. Il recherche en toute chose la **modération**, un juste milieu, un équilibre harmonieux. Les moralistes retrouvent ici l'idéal latin de la *mediocritas*, qui n'est pas à comprendre en un sens péjoratif : l'honnête homme fuit les extrêmes et se tient, prudent, sur un chemin de crête entre le trop et le trop peu. Il n'est jamais inconvenant en société et respecte parfaitement sa place. Il sent quand sa présence est de trop, ou quand il doit intervenir. Son savoir est, à l'image des rêves humanistes, encyclopédique, c'est-à-dire qu'il englobe tous les champs du savoir, de la littérature à la musique, de la théologie à l'arithmétique.

Dans le livre V, La Bruyère offre des **contre-modèles** d'honnêtes hommes. On peut penser à *Cléante* qui « est un très honnête homme, il s'est choisi une femme qui est la meilleure personne du monde et la plus raisonnable [...] ; l'on ne peut voir ailleurs plus de probité, plus de politesse ». L'emploi de l'adverbe intensif *très* nie immédiatement la qualité authentique d'honnête homme attribuée par ironie à *Cléante*. La suite en hyperbole confirme toute la méprise autour des vertus de probité et de politesse, qui atteignent ici l'exagération. La séparation du couple, en chute de cette remarque 43, montre comment les excès de vertus s'opposent à la concorde. Le portrait d'*Arrias* en V, 9 est un autre exemple de contre-modèle : « *Arrias* a tout lu, a tout vu, il veut le persuader ainsi, c'est un homme universel, et il se donne pour tel ». Les deux incidentes (*il veut le persuader ainsi* et *il se donne pour tel*) modalisent le propos de La Bruyère, lequel attaque le mauvais homme de cour, le menteur, le malhonnête homme si l'on peut dire.

Pour devenir honnête homme, il faut briller par son **mérite personnel**, mais sans l'intention manifeste de briller et d'être reconnu comme un homme illustre. Toute la difficulté réside dans le développement de vertus, dont l'homme de cour sait qu'elles sont particulièrement appréciées et récompensées, en se libérant de la complaisance – l'idée est d'être vertueux, et non uniquement de le paraître. Aussi le lecteur visé par La Bruyère est-il précisément cet homme en formation, qui souhaite devenir irréprochable sur le plan moral. Il doit, pour atteindre l'idéal d'honnêteté, être **lucide** et fin d'esprit, par la fréquentation de ses pairs, des diverses sociétés de son temps et par l'analyse approfondie des mœurs. L'auteur adresse plusieurs remarques explicites à ce sujet, comme en VIII, 9 : « Il faut qu'un honnête homme ait tâté de la Cour ; il y découvre en y entrant comme un nouveau monde qui lui était inconnu, où il voit régner également le vice et la politesse, et où tout lui est utile, le bon et le mauvais. » À propos des excès, on peut citer la fin de la remarque 75 au livre VI : « Je ne permets à personne d'être fripon ; mais je permets à un fripon de jouer un grand jeu : je le défends à un honnête homme ; c'est une trop grande puérilité que de s'exposer à une grande perte. »

Theatrum mundi : le monde comme un théâtre

À force de montrer que la société de son temps est codifiée, qu'elle est peuplée de menteurs, d'intrigants et d'hommes troubles, masquant leur véritable nature et incarnant selon les circonstances les rôles opportuns, La Bruyère peint une **comédie sociale** qui n'a rien à envier aux grands classiques du théâtre. Cette proximité avec le théâtre constitue une problématique centrale de l'œuvre. D'abord par le fond : La Bruyère engage le lecteur à reconnaître des hommes et des femmes **en représentation**, soit des personnages. Il est explicite sur cet axe de lecture des *Caractères*, comme en atteste plusieurs remarques (VI, 25 et VIII, 99 notamment). Puis par la forme : les portraits que brossent l'auteur dans les livres V à X sont animés, mis en situation, comme mis en scène. Les **personnages** prennent vie et deviennent crédibles, ils ont un nom, un corps, un statut, un caractère. Parfois on aperçoit l'acteur derrière le masque, ou les coulisses derrière la scène. Chaque livre est comme un plateau sur lequel sont convoqués les rôles les plus éminents. Si l'on s'en réfère à l'étymologie du mot « personnage », on retrouve la notion de **masque**. La *persona* désignait dans le théâtre grec l'accessoire et le rôle joué par le comédien. Il y a avait donc autant de rôles que d'accessoires prévus. Or, *les Caractères* se présentent comme un inventaire des rôles joués en société, et l'on constate les écarts de talent d'un acteur à l'autre, ou la vraisemblance d'un masque, le pouvoir d'illusion d'un costume, d'un jeu, d'une pantomime. Notons que l'**attribution de noms** dans les portraits remplit les mêmes fonctions dans l'œuvre de La Bruyère que dans une pièce de théâtre : désigner un personnage, le distinguer des autres, lui donner corps et crédibilité. Nous retrouvons un ambitieux, un hypocrite, un faux-dévot, une précieuse, un pédant, un parvenu, des bourgeois et des favoris. L'originalité des *Caractères* tient aux nuances et aux approfondissements à partir d'un **type comique** : il n'y a pas une seule façon de montrer l'ambition, l'hypocrisie, la fausse dévotion, ou la pédanterie, parce qu'il n'y pas une seule façon d'être ambitieux, hypocrite, etc. La nuance vient de l'observation fine des degrés de vice et des capacités à voiler le défaut pour faire apparaître une qualité. La Bruyère trahit les secrets mondains, dévoile les astuces et les ruses des manipulateurs, au point de faire de cette pièce de théâtre **une mise en abyme**.

Finalement, *les Caractères* ressemblent à une pièce de théâtre sur le théâtre, un peu comme *la Critique de l'École des femmes* (1663) de Molière, dans laquelle des personnages jouent une pièce dont l'enjeu central est de commenter *l'École des femmes*. Les personnages observent d'autres personnages, une fiction analysant donc une autre fiction. Ce jeu d'enchâssement est tout à fait manifeste dans des remarques comme X, 16 (où le roi quitte la scène), VI, 31 (qui explique le goût du peuple pour la tragédie), ou dans des portraits, comme celui de *Théodote*, en VIII, 61 ou des *Pamphiles* en IX, 50.

Cette vision de la société, comme une immense comédie masquée, renvoie à la devise de René Descartes : *larvatus prodeo* (« je m'avance masqué »). Si le philosophe, auteur du *Discours de la méthode*, indiquait par là sa prudence intellectuelle sur des sujets qui pouvaient fâcher les académies de tous bords, la leçon de La Bruyère est que tout individu semble renoncer à progresser à visage découvert, non seulement par prudence, mais aussi par ruse. On se donne une **identité seconde**, à laquelle on se conforme si bien, qui semble si naturelle, qu'on devient le rôle que l'on joue aux yeux d'une communauté entière. Le masque se fond sur l'individu, si bien qu'il faut tout l'art d'un moraliste pour **discerner la personne du personnage**. D'autant que les comédiens des *Caractères* cherchent bien souvent à être vus. Ils ne supportent pas l'ignorance et l'indifférence de leurs pairs, nombreux sont fats, parfaitement heureux d'être considérés, publiquement, bien plus vertueux qu'ils ne le sont en réalité.

Pour explorer davantage ce thème, voir le parcours associé et la dissertation dans la suite de l'ouvrage.

Un auteur classique, des thèmes baroques

La Bruyère est rangé parmi les auteurs classiques et ce pour plusieurs raisons. D'abord à cause de la **rigueur** de ses écrits. Il vise la **clarté, la précision** et l'entière adhésion de ses lecteurs par la raison. Il fait œuvre de démonstration et d'érudition, rangeant ses remarques, planifiant le cadre de ses pensées et donnant à ses textes les tours rhétoriques que le propos exige, sans excès ni artifice. Son goût pour **la mesure et la modération** le rapproche d'un Boileau, ou d'un Racine. Son ancrage dans la littérature des **Anciens** le met du côté des auteurs emblématiques du **classicisme**.

Pourtant il emprunte nombreux thèmes et procédés ordinairement attribués aux **auteurs et artistes baroques**. Parmi lesquels :

- **l'illusion** : les portraits que propose La Bruyère sont en anamorphose, c'est-à-dire qu'ils déforment la réalité, opèrent en trompe-l'œil, donne à voir des mensonges, des tromperies, des faux semblants. L'auteur s'amuse à montrer les duperies et les maquillages qui sont à la mode en son temps.
- **le *theatrum mundi*** : thème cher aux auteurs baroques, comme l'espagnol Calderon (*La vie est un songe*, 1635), ou l'anglais Shakespeare, lequel avait fait inscrire, dit-on, au fronton du Globe Theater : « *Totus mundus agit histrionum* » (le monde entier est un théâtre/agit en acteur de théâtre).
- **la vanité** : dans la tradition des auteurs de la Renaissance, les baroques regardent les hommes comme des êtres de passage, transitoires, et notre monde comme un lieu éphémère. Ces

artistes raillent les efforts de chacun pour s'immortaliser, donner de soi une valeur qui dépasse la mort et les corruptions. La Bruyère se moque des prétentions vaines de ceux qui se pensent puissants, éternels et admirables. Il accuse la frivolité des personnages artificiels et légers pour peindre un monde inquiétant, qui paraît peuplé, bien souvent, de créatures vides, sans substance. La mort, d'ailleurs, occupe une place importante dans *les Caractères*, notamment avec la question de l'héritage (voir livre VI – *Des Biens de Fortune*). Le constat est amer et sans appel : rien ne survit à notre mort. Toute notre richesse et toute notre vertu se perdent lorsque nous quittons le monde. Il n'est pas certain que l'inspiration de La Bruyère sur ce point soit la poésie baroque, mais les ancrages anciens de ces réflexions (dans la philosophie grecque et la poésie latine) le rapprochent d'un Montaigne ou d'un Shakespeare, qui puisent abondamment à la source antique pour méditer et composer leurs œuvres.

- **l'irrégularité, l'inconstance** : La Bruyère dresse le constat d'une humanité protéiforme, instable, désordonnée. Les ordres sociaux qui devraient assurer l'harmonie ne sont pas respectés et l'on observe agir sans dignité des êtres torves qui s'élèvent d'une classe à l'autre sans la considération de l'équilibre général. De même, des Grands destinés aux plus hautes fonctions s'abaissent aux vices et ne font de leur temps sur terre qu'actes insignifiants, ou répréhensibles.
- **la surprise** : les textes baroques cherchent souvent à créer la surprise, l'étonnement, comme avec les coups de théâtre, les *deus ex machina*, les révélations tardives ou les paradoxes résolus. La Bruyère cultive l'effet de chute en fin de phrase, ou de paragraphe. Il génère bien souvent dans les textes une tension pour mettre le lecteur en attente et le cueillir par quelques mots qui renversent le sens de tout ce qui précède, ou l'éclairent autrement.
- **le luxe, l'étincelant** : la peinture des lieux fréquentés par les nobles, des carrosses des Parisiens, des toilettes des courtisanes, est détaillée, et quand bien même il s'agirait de les critiquer, le lecteur ne saurait ignorer le goût de l'auteur pour ces phases descriptives. La fréquentation des salons, des chambres

parées et des luxueux palais par l'auteur lui-même confère au texte une grande véracité, mais en fait aussi un objet suspect : pourquoi critiquer une ville et une cour étincelantes quand il apparaît manifeste que ce luxe fascine le moraliste ?

- **l'inquiétude religieuse** : si les livres V à X ne sont pas les plus représentatifs sur ce point, on décèle tout de même l'inquiétude métaphysique qui traverse l'œuvre. La Bruyère, en accusant la fausse dévotion, le masque chrétien porté par les vicieux et les intrigants, déplore l'érosion du sentiment religieux. La spiritualité n'est qu'un atour, un vêtement dont on se drape en société et que l'on quitte sitôt que l'on se retrouve seul. Les retraites sont hypocrites et l'humilité est feinte. Le besoin de vérité et d'ordre moral exigerait la fidélité aux Écritures et aux vertus chrétiennes.
- **le miroir, la perspective, la mise en abyme** : le regard joue un rôle important dans l'esthétique baroque, et nombreux sont les poèmes, les récits ou les dialogues théâtraux qui exploitent toute la complexité des trajets de la lumière. Ainsi on retrouve chez les artistes de ce mouvement des accessoires, comme le miroir (dans les dispositifs scéniques par exemple), des trompe-l'œil, des perspectives, des angles, des paradoxes spatiaux. Il est toujours question, dans *les Caractères*, de regarder ce qui se manifeste devant nos yeux. L'omniprésence du verbe « voir » dans le texte indique la priorité de ce sens sur tous les autres, seul capable, par une forme de discipline, de lire à travers les apparences, de traverser le voile, de noter les détails. L'œil de La Bruyère devient perçant, et, au sens littéral du terme, clairvoyant. Les ombres et les extravagances désorientent parfois le regard. Notre vue est troublée par des éclats de lumière trop vive. L'auteur expose, voire surexpose, les sujets pour rendre évidents les effets d'artifice. L'optique est donc à la fois un thème et un mécanisme des *Caractères*, qui n'hésite pas à employer la mise en abyme pour concentrer l'attention sur un contraste, une tromperie ou une parodie.
- **le double, le sosie, le travestissement** : La Bruyère décrit dans les livres V à X le soin accordé par de nombreux courtisans à la parure, au déguisement, au masque. Il semble presque que toute une société joue au carnaval, puisque chacun gagne à

se travestir. Les honneurs se conquièrent moins à force de mérite qu'à la faveur d'un costume bien pensé. Les personnages peints dans l'œuvre se doublent d'un avatar, d'un sosie, que l'on prend pour homme de bien, homme de confiance, ou parangon de vertu, quand les motivations, la plupart du temps, sont égoïstes, pécuniaires, perfides.

En voyant se déployer autant de thèmes ordinairement traités par les artistes baroques, comment ne pas succomber à la tentation de « ranger » La Bruyère du côté des auteurs baroques ? Les liens avec les grands textes du mouvement sont évidents, que l'on pense aux *Tragiques* d'**Agrippa d'Aubigné**, à *l'Illusion comique* de **Corneille**, aux premières pièces de **Molière**, ou même à certaines fables de **La Fontaine** (auteur qui se situe dans la même ambiguïté entre le baroque et le classicisme). C'est qu'il est toujours abusif de classer les auteurs selon les mouvements observés par la critique littéraire. À moins que l'écrivain ne manifeste une appartenance revendiquée à un courant ou à une école, la réalité fait apparaître beaucoup plus de **nuances** et il est important d'être prudent et mesuré (comme un « honnête homme » !) lorsque l'on qualifie un auteur de baroque ou de classique.

La Bruyère est un auteur de la fin du XVIIe siècle, période plutôt marquée par le triomphe du classicisme, soit une esthétique de l'ordre, de la raison, de la régularité. Alors que le début du siècle voit s'épanouir une frange d'artistes poursuivant le **pessimisme de la fin du XVIe siècle**. L'esthétique baroque prolonge en effet les aspects les plus sombres de l'humanisme après la Renaissance. Cette foi en l'homme et cet optimisme radical du début du XVIe siècle (celui de Rabelais par exemple) cèdent vite leur place à une déception, une angoisse et **un sentiment de décadence**. La Bruyère hérite de ce conflit thématique en littérature et aspire, comme ses contemporains, à un **renouveau**, à une libération par les Lettres. Ce qui en ferait bel et bien un illustre représentant du classicisme, c'est cette volonté farouche de **triompher de l'obscurité**, de conjurer les vanités et d'ouvrir la voie à une **littérature morale**, sensée et clairvoyante (en cela il devient même précurseur des Lumières). On peut voir *les Caractères* comme une œuvre fondamentalement classique en cela précisément qu'elle **combat les dérives baroques**, et qu'elle reprend les thèmes du mouvement non pour les exalter, les glorifier et les revitaliser, mais presque pour les absoudre. La Bruyère marque un tournant dans l'histoire littéraire justement parce qu'il n'évite pas les enjeux baroques mais les appréhende, les comprend, les analyse, pour mieux les **déjouer** et nous offrir une morale saine, éclairée, bienséante.

Une œuvre à clefs ?

Les contemporains de La Bruyère reçurent l'œuvre comme une peinture très fidèle de la société dans laquelle ils évoluaient, au point de chercher, dans chaque portrait et caricature, l'individu réel qui avait inspiré la remarque. Les premiers lecteurs des *Caractères* jouèrent ce **jeu de décryptage**, retrouvant derrière chaque figure un proche, une connaissance, voire leur propre personne. L'auteur ne nia pas l'ancrage dans la réalité et laissa se développer les énigmes autour des sources et des cibles de l'œuvre.

Mais en réalité, le protocole de lecture qui consisterait à seulement repérer les clefs, c'est-à-dire à pister les signes qui dévoilent l'identité des sujets réels dépeints et caricaturés dans les *Caractères*, serait limité et restreindrait l'analyse du texte. S'il n'est pas inutile de se poser la question au détour de certains paragraphes, afin d'entendre la dimension parfois satirique du propos – et donc offensive d'une certaine manière – on ne peut tenir enfermée la portée de l'ouvrage dans une unique intention de choquer, de faire scandale, de livrer des attaques personnelles. *Les Caractères* ne sont pas des règlements de comptes, ni des blâmes déguisés. Au contraire, l'intention est de dévoiler, de **faire tomber les masques** et par conséquent d'offrir à ceux qui le redoutent un miroir grossissant. Les défauts et les vices étudiés par La Bruyère passent aisément d'un individu à l'autre. On se reconnaît soit dans la combinaison de divers caractères, soit on se retrouve, comme d'autres, dans une catégorie morale hautement représentée dans la société. Lorsque l'auteur écrit en V, 24 : « le monde est plein d'Euthyphrons » il indique clairement que le portrait sert de support, qu'il constitue un type moral auquel on peut s'identifier, ou qui peut servir à mieux comprendre un ensemble de personnes. Voir derrière

Euthyphron le portrait d'un courtisan particulier, ce serait nier le pouvoir de **l'antonomase** : *un* Euthyphron répond à la définition posée par La Bruyère dans le paragraphe et désigne bien plus qu'un individu particulier.

Aussi le projet de cette somme morale est-elle d'exprimer les mœurs du siècle et d'adresser des conseils à tous les hommes, comme le rappelle l'auteur dans la **Préface de son *Discours de réception à l'Académie française* (1693)** :

> « Qu'on me permette ici une vanité sur mon ouvrage : je suis presque disposé à croire qu'il faut que mes peintures expriment bien **l'homme en général**, puisqu'elles ressemblent à tant de particuliers, et que chacun y croit voir ceux de sa ville ou de sa province. J'ai peint à la vérité d'après nature, mais je n'ai pas toujours songé à peindre celle-ci ou celle-là dans mon livre des *Mœurs*. Je ne me suis point loué au public pour faire des portraits qui ne fussent vrais et ressemblants, de peur que quelquefois ils ne fussent pas croyables, et ne parussent feints ou imaginés. Me rendant plus difficile, je suis allé plus loin : j'ai pris un trait d'un côté et un trait d'un autre ; et de ces divers traits qui pouvaient convenir à une même personne, j'en ai fait des **peintures vraisemblables**, cherchant moins à réjouir les lecteurs par le caractère, ou comme le disent les mécontents, par la satire de quelqu'un, qu'à leur proposer des défauts à éviter et des modèles à suivre. »

La fonction des portraits : une typologie des caractères

Les remarques brèves sont nombreuses dans les *Caractères* et elles synthétisent souvent toute une réflexion morale que des paragraphes plus longs viennent illustrer. Les livres V à X fonctionnent particulièrement sur cet **entrelacs de remarques concises et de portraits longs**, les unes tirant les leçons des autres, ou les anticipant par un subtil effet d'annonce. Portraits et pensées édifiantes se répondent, se font écho et composent une habile rhétorique oscillant entre la généralité et le cas particulier. Le portrait de *Théodecte* en V, 12 par exemple, semble introduit par la remarque 11 qui le précède et porte précisément sur l'infatuation (à savoir cette satisfaction excessive que l'on peut avoir de soi). Le portrait de *Troïle* en V, 13, c'est-à-dire juste après, fonctionne selon le schéma inverse : il précède la leçon que l'on trouve en V, 14.

En allant plus loin, on peut même analyser chacun des six livres comme une **concaténation**, à savoir une chaîne rhétorique, où chaque remarque introduit un thème que la remarque suivante reprend et développe, avant d'introduire un nouveau thème et ainsi de suite. Parfois il faut trois ou quatre remarques pour voir apparaître le maillon suivant. Par exemple la remarque 11 du livre VI évoque « un portier rustre ». Or, on retrouve en attaque du portrait de *Clitiphon* la formule : « Je vais *Clitiphon* à votre porte », déployant un thème posé précédemment. La fin du portrait parle d'argent, « vous m'apportez quelque chose de plus précieux que l'or et l'argent, si c'est une occasion de vous obliger », ce qui se retrouve en VI, 13 : « N'envions point à une sorte de gens leurs grandes richesses ».

Ce processus favorise l'interprétation de l'œuvre de La Bruyère comme un **tout démonstratif** : chaque idée introduisant la suivante, il y aurait comme une perspective, une ligne d'argumentation unique, poursuivie de remarque en remarque. La vérité se situe peut-être entre deux approches de l'œuvre : l'une à la recherche d'une structure, d'une rigueur et d'une linéarité thématique, l'autre se délectant de la variété, des contrastes et du vagabondage intellectuel. C'est parce que l'œil du « sociographe » La Bruyère se pose sur les objets qui lui apparaissent dignes d'intérêt que l'on a à la fois cette impression de **classement**, d'ordre et d'enchâssement thématique, et cette autre impression de paysage complexe et compliqué, de directions opposées, de **kaléidoscope** de mœurs et de figures.

Lister l'intégralité des portraits des livres V à X est un bon moyen de comprendre leur place et la progression des idées dans l'œuvre. Il convient de les ranger ensuite pour mieux les connaître et les exploiter dans le cadre des dissertations. Nous proposons ci-dessous, pour chaque livre, un classement des portraits, une sorte de **typologie**, qui permet de mieux s'y retrouver. **Près de soixante portraits** jalonnent les six livres que nous étudions. Nous pouvons attribuer à chacun d'eux un, ou plusieurs, des enjeux suivants (nous donnerons aussi parfois la clef quand elle peut s'avérer instructive) :

- **le vice caricaturé (hypocrisie, vanité, orgueil, brusquerie…)** : le portrait illustre un défaut moral, met en scène un type d'homme ou de femme qui excelle dans le vice critiqué. Cet enjeu consiste à dresser un contre-modèle de vertu. Il s'agit du caractère à identifier et à ne pas reproduire si l'on souhaite devenir un honnête homme;

- **l'opposition entre deux statuts ou caractères**: il s'agit d'un portrait croisé, ou d'un texte qui souligne le contraste entre deux types moraux. L'idée est que le portrait du premier personnage accentue les effets d'opposition pour le second personnage, ou bien que les deux individus constituent les deux faces d'une même pièce;
- **l'antonomase – le portrait sert à désigner explicitement une catégorie d'individus ou un caractère**: le procédé est utilisé par La Bruyère pour universaliser certains portraits. Si on peut le faire à l'occasion de n'importe quel portrait et pour n'importe quel personnage (comme on dit aujourd'hui d'un hypocrite que c'est un Tartuffe, ou d'un séducteur que c'est un Don Juan, en référence aux personnages des pièces de Molière), il est intéressant que l'auteur lui-même ait recours à cet outil. Il consiste à utiliser un nom propre comme un nom commun, avec la possibilité donc de créer un groupe nominal (avec déterminant et adjectif).
- **le personnage est utilisé comme simple outil de narration – l'anecdote ne porte pas vraiment sur le personnage désigné mais rend la leçon plus concrète, plus vraisemblable, à la manière d'un apologue**: parfois le personnage nommé n'est pas décrit véritablement. Il est un support rhétorique pour fixer l'imaginaire et servir de levier à l'argumentation;
- **l'évaluation des conséquences d'une attitude dans la société – illustration d'un tempérament par une situation ou un dénouement**: La Bruyère met en scène le portait afin de révéler les issues incertaines, négatives, voire tragiques, d'attitudes et de mœurs en vogue dans la société. Le sujet est décrit en action, et s'achemine souvent vers sa perte. Le regard est porté sur les conditions de sa défaite ou de sa fausse réussite;
- **l'adresse directe à un personnage pour le conseiller, le moquer ou le louer (souvent ironiquement)**: La Bruyère s'adresse parfois directement à un personnage, comme à un interlocuteur. Il peut être injonctif et l'engager à cesser de se conduire

d'une certaine manière ou l'encourager à agir d'une autre. Il peut être cynique, et rappeler les effets d'une mauvaise conduite ou d'une grande complaisance. Il peut moquer sa cible ou en faire un éloge, le plus souvent détourné et ironique.

Voici, dans l'ordre, la liste des portraits (12) du livre V – *De la Société et de la Conversation*

- *Arrias,* V, 9 : vice caricaturé (immodestie, mensonge).
- *Théodecte,* V, 12 : vice caricaturé (brusquerie, indiscrétion).
- *Troïle,* V, 13 : vice caricaturé (usure, hypocrisie, rapport d'intérêts).
- *Cléon,* V, 22 : vice caricaturé (parole inconvenante).
- *Eutyphron,* V, 24 : antonomase (hypocrites).
- *Théodème,* V, 25 : personnage utilisé comme simple outil de narration.
- *Cléante,* V, 43 : évaluation des conséquences d'une attitude dans la société.
- G** et H**, V, 47 : opposition entre deux statuts ou caractères.
- *Théobalde,* V, 66 : évaluation des conséquences d'une attitude dans la société.
  Clef : le poète Isaac de Benserade.
- *Hermagoras,* V, 74 : vice caricaturé (pédantisme).
  Clef : le père bénédictin Paul Pezron
- *Cydias,* V, 75 : vice caricaturé (immodestie, pédantisme, préciosité, orgueil).
  Clef : l'auteur Fontenelle, adversaire de La Bruyère lors de son élection à l'Académie française
- *Nicandre,* V, 82 : vice caricaturé (ambition, hypocrisie)

Voici, dans l'ordre, la liste des portraits (19) du livre VI – *Des Biens de Fortune*

- N**, VI, 11 : vice caricaturé (brusquerie, vanité).
- *Clitiphon,* VI, 12 : vice caricaturé (vanité, fausse importance).

- *Sosie,* VI, 15 : évaluation des conséquences d'une attitude dans la société (le parvenu) et vice caricaturé (ambition, mensonges).
- *Arfure,* VI, 16 : vice caricaturé (hypocrisie, rapports d'intérêts) et évaluation des conséquences d'une attitude dans la société (argent et dévotion).
- *Crésus,* VI, 17 : évaluation des conséquences d'une attitude dans la société (vie luxueuse).
- *Champagne,* VI, 18 : vice caricaturé (arrogance).
- *Sylvain,* VI, 19 : évaluation des conséquences d'une attitude dans la société (le parvenu).
- *Dorus,* VI, 20 : vice caricaturé (vanité, attitude pompeuse).
- *Périandre,* VI, 21 : vice caricaturé (arrogance, orgueil, ambition).
- *Chrysippe,* VI, 27 : vice caricaturé (ambition) et évaluation des conséquences d'une attitude dans la société (l'héritage).
- *Ergaste,* VI, 28 : vice caricaturé (appât du gain, avidité) et évaluation des conséquences d'une attitude dans la société (le parvenu).
- *Criton,* VI, 29 : vice caricaturé (tromperie, avidité).
- *Brontin,* VI, 30 : vice caricaturé (hypocrisie, fausse dévotion).
- *Tryphon,* VI, 50 : vice caricaturé (hypocrisie, ambition).
- *Chrysante* et *Eugène,* VI, 54 : opposition entre deux statuts ou caractères.
- *Oronte,* VI, 60 : évaluation des conséquences d'une attitude dans la société (le parvenu, le mariage d'intérêt).
- *Cléarque,* VI, 63 : adresse directe à un personnage pour le conseiller et le moquer, et vice caricaturé (vanité).
- *Zénobie,* VI, 78 : adresse directe à un personnage pour le conseiller et le louer (ironiquement).
  Clef : De Gourville, ancien intendant du Grand Condé et acquéreur du château de Saint-Maur.
- *Giton* et *Phédon,* VI, 83 : opposition entre deux statuts ou caractères (riche et pauvre).

Voici, dans l'ordre, la liste des portraits (5) du livre VII – *De la Ville*

- Les *Crispins,* VII, 9 : évaluation des conséquences d'une attitude dans la société (famille reconnue).
- Les *Sannions,* VII, 10 : évaluation des conséquences d'une attitude dans la société (famille reconnue) et vice caricaturé (vie pompeuse, besoin d'épater, pédantisme).
- *Narcisse,* VII, 12 : vice caricaturé (pédantisme, vanité, mondanité).
- Un homme, VII, 13 : vice caricaturé (masque, homme trouble).
- *Théramène,* VII, 14 : évaluation des conséquences d'une attitude dans la société (la richesse et la jalousie).

Voici, dans l'ordre, la liste des portraits (11) du livre VIII – *De la Cour*

- N**, VIII, 15 : vice caricaturé (brusquerie, indiscrétion).
- *Cimon* et *Clitandre,* VIII, 19 : vice caricaturé (arrogance, ambition).
- *Ménophile,* VIII, 48 : vice caricaturé (masque, hypocrisie).
- *Théonas,* VIII, 52 : vice caricaturé (ambition, fausse dévotion).
- *Timante,* VIII, 56 : personnage utilisé comme simple outil de narration (hypocrisie).
- *Théodote,* VIII, 61 : vice caricaturé (masque, hypocrisie, vanité, ruse).
- *Xantippe,* VIII, 68 : vice caricaturé (ambition, superstition, ruse).
- *Timagène,* VIII, 78 : personnage utilisé comme simple outil de narration (hypocrisie, rumeur, influence).
- *Aristide,* VIII, 93 : adresse directe à un personnage pour le conseiller (dangers de la cour).
- *Straton,* VIII, 96 : évaluation des conséquences d'une attitude dans la société (influence, vie tumultueuse, aléas, destinées).

Voici, dans l'ordre, la liste des portraits (8) du livre IX – *Des Grands*

- *Théagène*, IX, 2 : adresse directe à un personnage pour le conseiller (vices et vertus).
  Clef : duc de Bourbon, ancien élève de La Bruyère.
- *Philanthe*, IX, 8 : personnage utilisé comme simple outil de narration (portrait d'un vertueux et question rhétorique).
- *Lucile*, IX, 14 : vice caricaturé (ambition).
- *Théophile*, IX, 15 : vice caricaturé (ambition, hypocrisie, fausse dévotion).
  Clef : Gabriel de Roquette, évêque d'Autun.
- *Téléphon*, IX, 20 : adresse directe à un personnage pour le louer (homme craint, redouté et réputé).
- *Aristarque*, IX, 45 : vice caricaturé (critique sévère, intransigeance).
- *Théognis*, IX, 48 : vice caricaturé (apparences, tromperie, hypocrisie).
- *Pamphile*, IX, 50 : antonomase (fatuité, hypocrisie).

Voici, dans l'ordre, la liste des portraits (3) du livre X – *Du Souverain ou de la République*

- *Ergaste*, X, 8 : retour sur le personnage présenté en VI, 28, laborieux courtisan avide et rusé. Il s'agit ici d'un changement de perspective. Le personnage n'est plus regardé comme vicieux. Il est juste ignoré.
- *Démophile* et *Basilide*, X, 11 : opposition entre deux statuts ou caractères (l'homme du peuple, pacifiste, lâche et l'homme du roi, belliciste, téméraire, pompeux)
- Le Prince, X, 35 : le livre s'achève sur un portrait élogieux (non ironique) de Louis le Grand. Il contient également des conseils et des usages encouragés. Même si le Roi est désigné à la troisième personne, on peut y voir une adresse directe (on utilise d'ailleurs souvent cette personne pour s'entretenir avec un monarque – procédé de l'énallage).

Tableau récapitulatif des enjeux des portraits des livres V à X

	Livre V	Livre VI	Livre VII	Livre VIII	Livre IX	Livre X
Vice caricaturé (hypocrisie, vanité, orgueil, brusquerie…)	*Arrias* *Théodecte* *Troïle* *Cléon* *Théodème* *Hermagoras* *Cydias* *Nicandre*	*Cléarque* *Tryphon* *Brontin* *Criton* *Ergaste* *Chrysippe* *Périandre* *Dorus* *Champagne* *Arfure* *Sosie* *Clitiphon* N**	Les *Sannions* *Narcisse* Un homme	N** *Cimon* et *Clitandre* *Ménophile* *Théonas* *Théodote* *Xantippe*	*Lucile* *Théophile* *Aristarque* *Théognis*	
Opposition entre deux statuts ou caractères	G** et H**	*Giton* et *Phédon* *Chrysante* et *Eugène*				*Démophile* et *Basilide*
Antonomase – le portrait sert à désigner explicitement une catégorie d'individus ou un caractère	*Eutyphron*				*Pamphile*	
Personnage utilisé comme simple outil de narration – l'anecdote ne porte pas vraiment sur le personnage désigné mais rend la leçon plus concrète, plus vraisemblable, à la manière d'un apologue	*Théodème*			*Timagène* *Timante*	*Philanthe*	*Ergaste*
Évaluation des conséquences d'une attitude dans la société – illustration d'un tempérament par une situation ou un dénouement	*Cléante* *Théobalde*	*Oronte* *Ergaste* *Chrysippe* *Sylvain* *Crésus* *Arfure* *Sosie*	Les *Crispins* Les *Sannions* *Théramène*	*Straton*		
Adresse directe à un personnage pour le conseiller, le moquer ou le louer (souvent ironiquement)		*Cléarque* *Zénobie*		*Aristide*	*Théagène* *Téléphon*	le Prince

Il faut noter qu'en dehors des portraits, qui nomment un personnage et le décrivent précisément, on trouve dans les six livres soumis à notre étude de nombreuses réflexions sur des catégories. Ces observations sont introduites par des présentatifs (voici, voilà, il y a...) ou les formules « L'on remarque », « L'on voit »... Ces paragraphes que l'on ne range pas dans les portraits n'en sont pas moins des caractérisations de **types moraux** rencontrés dans la société. Par exemple dans le livre VIII, on trouve les débuts de remarques suivants : « Je vois un homme entouré et suivi », « L'on remarque dans les cours des hommes avides », « Mille gens à la Cour y traînent leur vie à embrasser », « Il y a de certaines familles qui... », « L'on compte dans les cours de certaines gens », etc.

Le portait nominatif permet de donner corps à ces personnages et aide l'imaginaire à retrouver ou inventer un individu (ou un type d'individus) que l'on n'a soi-même peut-être jamais côtoyé. Emprunter des **noms** à la littérature ancienne, tant à la mythologie grecque qu'au théâtre latin, c'est un moyen pour La Bruyère de brouiller les pistes, mais également de peindre ironiquement une **comédie de caractères**, où chaque acteur se veut glorieux, inoubliable et prétend à la postérité. La galerie des portraits est en outre un moyen de **mémoriser les mœurs** raillées et de comprendre qui est à fuir, qui est à redouter, qui est à flatter. Les portraits nominatifs peuvent devenir pour l'honnête homme des balises, les **repères** indispensables à toute cartographie de la Cour, une manière d'orienter sa conduite au sein de figures pré-connues, redoutées déjà par l'imaginaire et donc devenues moins dangereuses pour l'homme en quête de vertu. L'utilisation de présentatifs comme *voici* ou *voilà* (dont la racine étymologique renvoie à la soudure des formes : *vois ici* et *vois là*) invite le lecteur à projeter les images, à **visualiser la société**, à s'en rendre familier. Les pronoms démonstratifs *ce, celui, cette* composent un univers qui devient commun, dans lequel le lecteur, peu à peu, s'intègre. Nous perdons notre statut d'étranger aux mœurs du Grand Siècle. Nous saisissons les places, en fonction du rang, du sexe, de la fortune. Nous voyons le noble homme, plus bas l'honorable homme, plus bas encore celui qu'on appelle Messire, et comprenons l'évolution des rapports entre les classes, ou l'érosion des langages, des fonctions et des statuts. Surtout, nous rangeons les vices, non par gravité mais par lieux d'occurrence : les vices de la ville, de la Cour, des cercles du pouvoir... À travers, de nombreux portraits emblématiques, La Bruyère immortalise les sujets qu'il peint, même si c'est pour donner une image déformée, caricaturée, ironique de ce que purent être les hommes et les femmes durant le règne de Louis XIV.

Les faits de langues remarquables

Le programme de français de la classe de Première propose aux élèves de poursuivre leur **étude de la langue** en analysant des phrases et des extraits choisis dans des textes littéraires. À l'épreuve orale du baccalauréat, le candidat doit commenter et/ou opérer une transformation grammaticale en suivant une consigne donnée par son examinateur. La connaissance du vocabulaire de la grammaire est requise et la manipulation des mécanismes de la langue doit devenir familière.

Rappelons quels sont les **objets soumis à une étude approfondie au lycée** (en plus des notions du collège à conforter) :

- Les accords dans le groupe nominal et entre le sujet et le verbe (classe de seconde).
- Le verbe : valeurs temporelles, aspectuelles, modales ; concordance des temps (classe de seconde).
- Les relations au sein de la phrase complexe (classe de seconde).
- La syntaxe des propositions subordonnées relatives (classe de seconde).
- Les subordonnées conjonctives utilisées en fonction de compléments circonstanciels (classe de première).
- L'interrogation : syntaxe, sémantique et pragmatique (classe de première).
- L'expression de la négation (classe de première).
- Lexique (classes de seconde et première).

La Bruyère est un bon guide pour perfectionner ses connaissances en grammaire. En effet, la variété des formes et le soin particulier que l'auteur accorde à la construction de ses phrases (pour créer notamment des effets de chute et des mises en relief) est une mine d'or pour qui veut s'exercer dans ce domaine. Nous proposons ici quelques exemples et faits remarquables pour alimenter la réflexion sur le style de l'auteur.

L'emploi du présentatif « il y a »

La Bruyère utilise différents procédés pour **mettre en relief** les éléments du réel qu'il souhaite expliquer. L'enjeu étant de mettre en lumière une situation, une interaction, un tempérament, le recours aux présentatifs est un moyen efficace pour ouvrir un paragraphe ou pour assurer une transition. Parmi les présentatifs, l'auteur utilise les adverbes *voici* ou *voilà*, mais c'est l'usage de la locution *il y a* qui présente le plus d'intérêt sur le plan grammatical. En effet, par sa construction – un pronom impersonnel, un pronom adverbial et un auxiliaire conjugué au présent –, *Il y a* est une forme grammaticale figée qui précède un élément identifié dans la situation d'énonciation. Or dans *les Caractères*, le présentatif introduit toujours **un élément nouveau**, parfois fictif et/ou extraordinaire, en le faisant passer pour **coutumier**, en jouant sur la complicité avec le lecteur. Entrer dans la lecture d'une remarque, c'est parfois accepter de porter le regard sur l'objet désigné comme s'il était là devant nous. Ainsi en V, 28 : « Il y a des gens d'une certaine étoffe ou d'un certain caractère avec qui il ne faut jamais se commettre », ou en VIII, 63 : « Il y a un pays où les joies sont visibles, mais fausses, et les chagrins cachés, mais réels. » La formule confère parfois, comme dans cette remarque, une **allure d'apologue** au paragraphe (*il y a* rappelant les formules *il y avait* ou *il était une fois* des contes)

La formule sert majoritairement à lister, à **observer le réel avec objectivité**, à la manière d'un naturaliste. Dire *il y a quelque chose* c'est constater objectivement la chose, c'est donner un témoignage neutre et véridique de ce qui se présente, de la même façon qu'après les formules *il est* ou *il existe.*

Syntaxiquement, on peut noter une **fragmentation de la phrase** : la principale est suivie d'une proposition relative, dite prédicative. Dans les exemples suivants, on voit bien que c'est la relative qui porte le propos de la phrase (la principale ouvre uniquement le thème) :

« Il y a pour arriver aux dignités ce qu'on appelle la grande voie, ou le chemin battu ; il y a le chemin détourné ou de traverse, qui est le plus court. » VIII, 49

« Il y a le peuple qui est opposé aux grands, c'est la populace et la multitude ; il y a le peuple qui est opposé aux sages, aux habiles et aux vertueux, ce sont les Grands comme les petits. » IX, 53

« Il n'y a nuls vices extérieurs, et nuls défauts du corps qui ne soient aperçus par les enfants » XI, 54

Le lycéen peut être invité, dans le cadre d'exercices en classe, ou lors de l'épreuve orale, à effectuer des transformations syntaxiques. Ici, cela pourrait consister à supprimer la relative en conservant le sens de la phrase. On pourrait obtenir, pour la remarque IX, 53, la phrase suivante : il y a le peuple opposé aux grands [...] ; il y a le peuple opposé aux sages, aux habiles et aux vertueux. » Il pourrait aussi être demandé de renverser l'emphase, et de mettre l'accent sur un autre élément de la phrase, comme par exemple les enfants en XI, 54. Ce qui pourrait donner : Ce sont les enfants qui aperçoivent tous vices extérieurs et tous défauts du corps. Ou encore, il pourrait être demandé de réécrire la remarque VIII, 49 en commençant par : « La grande voie, ou le chemin battu, est... » On obtiendrait une phrase du type : La grande voie, ou le chemin battu, est ce qui permet d'arriver aux dignités.

La subordination

C'est par l'observation des **conjonctions de subordination** et des **pronoms relatifs** que l'on se rend le mieux compte de la virtuosité du style de La Bruyère. Les phrases sont complexes et ne s'apprécient parfois véritablement qu'à la relecture. Les propositions subordonnées peuvent étirer le propos, ou au contraire le couper et créer la chute. C'est bien souvent la conjonction de subordination ou le pronom relatif qui fait le **pivot**. Prenons plusieurs exemples :

« Un homme de bien ne saurait empêcher par toute sa modestie, qu'on ne dise de lui ce qu'un malhonnête homme sait dire de soi. » V, 21

La principale ouvre le thème : *Un homme de bien,* mais demeure en suspens tant que le verbe *empêcher* n'a pas son complément. Or il est partiel et appelle lui-même un complément en enchâssement : *qu'on ne dise de lui* appelle un COD que l'on a en toute fin de phrase et de remarque : *ce qu'un malhonnête homme sait dire de soi.* On a ici une illustration de la complexité syntaxique à l'œuvre dans *les Caractères.* Le **chiasme** peut rendre la compréhension difficile : se croisent en effet dans la phrase *l'homme de bien* et *le malhonnête homme,* et *ce qu'on dit de lui* et *ce qu'[il] sait dire de soi.* La signification est relativement simple : la réputation de l'homme de bien est faussée, mais la tournure syntaxique en fait un jeu d'esprit. La phrase semble faire se percuter les opposés et faire naître un paradoxe. La première conjonction de subordination *qu'* introduit une complétive. La seconde subordonnée est plus délicate à analyser. Le pronom démonstratif *ce* est le complément d'objet direct du verbe dire (on peut le remplacer par « le propos », « cela », « la chose », etc.). Le pronom relatif *qu'* qui suit introduit une relative dite déterminative (ou restrictive), car elle est nécessaire à l'identification de l'antécédent (ici le pronom *ce* n'a de signification que parce qu'il est suivi d'une relative, non supprimable).

> « C'est une grande simplicité que d'apporter à la Cour la moindre roture, et de n'y être pas gentilhomme. » VIII, 21

Il s'agit ici d'une **forme emphatique**. Le propos est placé avant le thème. La Bruyère insiste sur la *grande simplicité* avant de désigner les comportements et états qui méritent cette qualification. Le clivage s'effectue grâce à la construction *c'est... que,* soit le présentatif *c'est* et le pronom relatif *que.*

> « Il n'y a rien à la Cour de si méprisable et de si indigne qu'un homme qui ne peut contribuer en rien à notre fortune » VIII, 23

Encore une mise en relief avec le présentatif *il y a* qui introduit le pronom négatif *rien* prolongé par des comparatives. Le mot *si* est un adverbe qui, ici, est marqueur de comparaison, équivalent de *aussi.* On peut traduire la phrase ainsi : rien n'est à la Cour plus méprisable et plus indique qu'un homme qui ne peut contribuer en rien à notre fortune. La construction *si...que* permet d'isoler les adjectifs *méprisable* et *indigne* pour faire naître une comparaison entre *rien* et *un homme qui ne peut...* Par la négation, la phrase prend donc un sens superlatif.

> « Il est plus utile de quitter les Grands que de s'en plaindre. » IX, 9

Comparative plus évidente. Le système *plus...que* permet de comparer l'utilité de deux attitudes, conférant la supériorité à la fuite (plutôt qu'à la plainte). La forme impersonnelle qui ouvre la phrase (*il est*) distribue les éléments comparés de part et d'autre de la conjonction. On pourrait transformer cette phrase ainsi : Quitter les Grands est plus utile que de s'en plaindre.

> « Qui peut dire pourquoi quelques-uns ont le gros lot, ou quelques autres la faveur des Grands ? » IX, 10

Cette phrase interrogative est intéressante à analyser car elle comprend deux niveaux d'**interrogation** : une proposition interrogative directe (*qui peut dire...*) et une proposition interrogative indirecte (*pourquoi quelques-uns...*). La première est la principale et la seconde la subordonnée. On a ainsi un enchâssement d'une interrogative dans une interrogative, les deux étant partielles puisqu'elles appellent une réponse précise sur un point de la phrase : le pronom *qui* demande un nom, une personne, une catégorie d'individus, l'adverbe *pourquoi* demande une raison, une justification, une explication (là où une interrogation totale aurait attendu une réponse par oui ou non, soit sur l'ensemble de la proposition). À nouveau, ce sont les outils de subordination qui créent les pivots et permettent les mises en relief. Implicitement la phrase nous contraint à reconnaître l'alternative dans la société entre ceux qui ont le gros lot et ceux qui ont la faveur des Grands. La question est ouverte au lecteur afin de créer la perplexité. Il s'agit peut-être d'une question rhétorique, dont la réponse convenue serait : *personne ne peut le dire.* On pourrait transformer l'interrogative indirecte en groupe nominal suivi d'une relative : qui peut dire *la raison pour laquelle quelques-uns...*

> « Il est vieux et usé, dit un Grand, il s'est crevé à me suivre, qu'en faire ? Un autre plus jeune enlève ses espérances, et obtient le poste qu'on ne refuse à ce malheureux, que parce qu'il l'a trop mérité. » IX, 7

Ces deux phrases illustrent bien le rôle de clôture des subordonnées. La première est une interrogative directe : *qu'en faire ?* Il s'agit d'une question ambiguë parce qu'elle s'insère dans le **discours rapporté** (voir la proposition incise *dit un Grand*) et parce qu'elle s'apparente aussi à une **question rhétorique**, pleine d'ironie de la part de l'auteur, dont la réponse convenue serait : *rien*. Dans la seconde phrase, on a deux subordonnées : *qu'on ne refuse à ce malheureux*, qui est **une relative** complément de l'antécédent *poste*, et **une circonstancielle de cause** : *parce qu'il l'a trop mérité*. Le mot *que* qui fait la transition pourrait aisément être remplacé dans la phrase par *uniquement* ou *seulement*, ce qui en fait donc un adverbe dans une **négation exceptive** (**ou restrictive** ; voir le *ne* dans la proposition précédente : *qu'on ne refuse... que...*). En effet, la raison invoquée en fin de phrase fait exclusion de toute autre raison possible. Et on retrouve avec la circonstancielle *parce qu'il l'a trop mérité* la même ambiguïté qu'avec la relative de la phrase précédente. Ici la raison pourrait être celle invoquée par *un Grand*, si l'on y voit l'usage d'un discours indirect libre. Mais on peut l'interpréter aussi comme une justification externe assumée par l'auteur. Dans ce dernier cas, elle heurte le sens logique puisque le malheureux se voit refuser un poste parce qu'il le mérite, comme s'il s'agissait d'un argument valable. Le bon sens voudrait que la **circonstancielle** soit **concessive**, du type : *bien qu'/alors qu'il l'a trop mérité*.

Périodes et cadences

Pour étudier les phrases de La Bruyère, on peut avoir recours à un outil classique de la rhétorique, qui consiste à aborder la phrase comme une **unité de son**, à en évaluer donc le rythme, les effets de symétries, les parallélismes, les césures, les accentuations... La prose des *Caractères* se prête assez bien à l'analyse stylistique des périodes, soit de la **structure sonore des phrases**. À l'issue d'une observation grammaticale des propositions dans une phrase complexe, il peut être intéressant de retrouver la circulation du souffle et l'ampleur orale de l'unité. En travaillant de la sorte, on s'aperçoit de la dimension éloquente du projet, dont la **mise en voix** paraît un passage obligé à qui veut s'approprier pleinement l'œuvre.

Prenons trois exemples pour commenter les cadences rencontrées dans les livres V à X des *Caractères* :

> « Quand le peuple est en mouvement, on ne comprend pas par où le calme peut y rentrer ; et quand il est paisible, on ne voit pas par où le calme peut en sortir. » X, 6

Nous avons ici une **cadence équilibrée** puisque les éléments de part et d'autre du point-virgule sont à peu près d'égale longueur. La phrase est construite sur un parallélisme : récurrence de l'adverbe *quand* en attaque de proposition circonstancielle, et du *on* en attaque de la principale. Il s'agit plus spécifiquement d'un chiasme puisque se croisent deux à deux des notions antagonistes : *en mouvement/paisible* et *rentrer/sortir*.

> « Vous êtes homme de bien, vous ne songez ni à plaire ni à déplaire aux favoris, uniquement attaché à votre maître, et à votre devoir ; vous êtes perdu. » VIII, 40

Le point-virgule permet à nouveau de découper la phrase et de retrouver la cadence (attention, le point-virgule n'est pas toujours le point de pivot). La première partie de la phrase, qui va de *Vous êtes homme* à *votre devoir*, est ascendante. Elle atteint un point culminant qu'on appelle **l'acmé**, et qui constitue un moment de fin de souffle et de tension maximale dans le développement du propos. Le lecteur ou l'auditeur de la phrase est en attente d'une chute. Cette première partie croissante de la phrase est appelée **la protase**. La partie décroissante qui suit est appelée **l'apodose**. Ici l'apodose est courte (*vous êtes perdu*). Quand la protase est longue et l'apodose courte, on parle de **cadence mineure**. C'est la cadence que l'on observe le plus dans les *Caractères*.

> « Laissez faire *Ergaste*, et il exigera un droit de tous ceux qui boivent de l'eau de la rivière, ou qui marchent sur la terre ferme : il sait convertir en or jusques aux roseaux, aux joncs et à l'ortie : il écoute tous les avis, et propose tous ceux qu'il a écoutés. » VI, 28

Ici on a une **cadence majeure** puisque la protase *Laissez faire Ergaste* atteint son acmé sur le nom propre du personnage et est plus courte que la suite de la période. **L'apodose**, très longue, exprime les conséquences à subir lorsqu'on laisse faire *Ergaste*.

Le pronom impersonnel « on »

Le pronom *on* occupe une place importante dans les livres V à X des *Caractères*. Son emploi est divers et lié à l'entreprise d'objectivité et de discernement que se propose La Bruyère dans son œuvre. Signe peut-être d'une **volonté d'effacement de l'auteur** – par modestie et par cohérence avec la vertu de médiocrité de l'honnête homme – ou bien d'une volonté de convaincre par l'utilisation d'un **pronom englobant**. Derrière le *on*, il est possible de mettre tout le monde ou personne en particulier. Les remarques qui commencent par *L'on voit*, comme les remarques 6 ou 26 du livre V ou *L'on sait*, comme la remarque 39 du même livre, proposent des constats objectifs, suggèrent que l'auteur ne fait que noter des faits véritables. Le pronom *on* est ici un **gage de véracité**. Il ancre le propos dans la *doxa*, c'est-à-dire dans **l'opinion commune**. Les développements de l'auteur en sont plus performants puisqu'il accroche l'attention par ce jeu initial de complicité des regards, ou des savoirs.

Mais le pronom *on* peut également être employé en sa qualité d'impersonnel, et assurer un **cryptage** des individus ciblés. Ainsi dans la remarque 22 du livre VIII, il est possible de lire une critique des parvenus et des intrigants, gagnant une place à la cour à force de manœuvres : « L'on se couche à la cour et l'on se lève sur l'intérêt ; c'est ce que l'on digère le matin et le soir, le jour et la nuit ; c'est ce qui fait que l'on pense, que l'on parle, que l'on se tait, que l'on agit ; c'est dans cet esprit qu'on aborde les uns, et qu'on néglige les autres, que l'on monte et que l'on descend [...] »

Le pronom peut enfin servir à introduire une **réflexion sur l'homme**, comme dans la remarque 38 du livre VI : « Il faut moins d'esprit que d'habitude ou d'expérience pour faire sa fortune ; l'on y songe trop tard, et quand enfin l'on s'en avise, l'on commence par des fautes que l'on n'a pas toujours loisir de réparer : de là vient peut-être que les fortunes sont si rares. »

L'emploi du *on* est une mode dans les salons littéraires au XVIIe siècle. La forme *L'on* est jugée plus élégante à l'époque. Étymologiquement le pronom est créé à partir du même terme d'ancien français que celui qui donne *homme*. D'où son emploi à valeur universelle dans les *Caractères*.

Le vocabulaire : les emprunts à la langue des personnages

La Bruyère aime à employer le lexique des personnages qu'il raille. Dans ses portraits on peut observer des emprunts à un vocabulaire spécifique aux types qu'il peint. Ainsi il donne à **entendre** parfois **le « parler »** courtisan, ou les tournures emphatiques d'une catégorie d'individus. Par exemple, en VIII, 20, l'auteur écrit à propos de l'homme de Cour qui souhaite être reconnu : « il doit [...] dire en toute rencontre, *ma race, ma branche, mon nom* et *mes armes* ; dire de celui-ci, qu'il n'est pas homme de qualité ; de celle-là, qu'elle n'est pas demoiselle [...] ; il dira toujours qu'il marche après la maison régnante, et à force de le dire, il sera cru. » Plus tôt, en VII, 10, il souligne également les propos entendus, comme s'il se contentait de rapporter objectivement les manières de parler : « Un autre avec quelques mauvais chiens aurait envie de dire, *ma meute* [...] : il ne dit pas comme *Ménalippe, ai-je du plaisir* ? »

Cette façon d'emprunter directement les formules des cibles caricaturées confère aux propos une **véracité** et les ancre plus encore dans le **réel des mœurs du siècle.** Il est complexe de savoir précisément à quel point La Bruyère travestit **la parlure** (c'est-à-dire la manière de parler propre à une personne, ou à une catégorie de personnes) des sujets décrits ou y est fidèle. Ce que l'on constate c'est l'insertion régulière dans les portraits d'un **lexique extérieur**, comme si deux voix se rencontraient : celle du personnage et celle du moraliste. Cela peut donner lieu à des citations explicites (en italique), à des formules ironiques (les périphrases, comme « la maison régnante »), ou à du discours indirect libre, dont la fin du portrait de Périandre en VI, 21 offre un exemple éloquent : « Que son père si vieux et si caduc n'est-il mort il y a vingt ans et avant qu'il se fît dans le monde aucune mention de Périandre ! comment pourra-t-il soutenir ces odieuses pancartes qui déchiffrent les conditions, et qui souvent font rougir la veuve et les héritiers ? les supprimera-t-il aux yeux de toute une ville jalouse, maligne, clairvoyante, et aux dépens de mille gens qui veulent absolument aller tenir leur rang à des obsèques ? veut-on d'ailleurs qu'il fasse de son père un *Noble homme,* et peut-être un *Honorable homme* ? lui qui est *Messire.* »

L'auteur peut même avoir recours à des **expressions figées** de son époque. Il puise abondamment, nous avoue-t-il, dans un **magasin de phrases** : « Il y a un certain nombre de phrases toutes faites, que l'on prend comme dans un magasin [...] » (VIII, 81). Il écoute certaines formules employées et les expliquent, les commentent, comme en IX, 37 : « Quelqu'un vous dit, *je me plains d'un tel, il est fier depuis son élévation, il me dédaigne, il ne me connaît plus. Je n'ai pas, pour moi,* lui répondez-vous, *sujet à m'en plaindre, au contraire, je m'en loue fort, et il me semble même qu'il est assez civil.* Je crois encore vous entendre, vous voulez qu'on sache qu'un homme en place a de l'attention pour vous [...]. Se louer de quelqu'un, se louer d'un Grand, phrase délicate dans son origine, et qui signifie sans doute se louer soi-même [...]. » La Bruyère commence par **enregistrer** la parlure, retranscrite ici au discours direct, puis la traduit, jusqu'à en **interpréter** les connotations et les significations implicites.

Il est intéressant de noter qu'une des missions confiées à l'**Académie française** est d'éditer régulièrement un dictionnaire de la langue française, attestant de son état et de sa progression. *Les Caractères* collectent déjà, d'une certaine manière, des occurrences originales qui préfigurent des contenus de la première parution du Dictionnaire, en 1694 – soit un an après l'admission de La Bruyère au sein de l'institution.

À retenir en vue de l'examen

Appropriation de l'œuvre

Du fait de sa fragmentation, l'œuvre de La Bruyère n'est pas évidente à maîtriser, surtout quand on est lycéen et qu'on la découvre dans le cadre d'une préparation au baccalauréat. On peut avoir l'impression que les livres V à X partent dans beaucoup de directions et qu'il est impossible de retrouver une cohérence, un plan net pour mémoriser des passages et les convoquer dans le cadre d'une dissertation. À la différence d'une œuvre de fiction, ou d'un discours structuré autour d'un seul thème, *les Caractères* brillent par la variété des formes et des sujets. Néanmoins le parcours associé peut aider à trier les points d'intérêt pour la préparation des épreuves. Il s'agit de retrouver la dimension de « comédie sociale » dans les six livres proposés.

La première chose à connaître est **le titre de chaque livre et son enjeu principal** au vu de ce parcours, soit, si l'on synthétise :

- Livre V, *De la Société et de la Conversation* – l'enjeu est d'observer dans la généralité les rapports sociaux et les travestissements du langage.
- Livre VI, *Des Biens de Fortune* – l'enjeu est de critiquer les manœuvres qui mettent en péril l'ordre social, notamment les stratagèmes des parvenus (PTS et autres bourgeois ambitieux).
- Livre VII, *De la Ville* – l'enjeu est de regarder précisément comment la société parisienne singe la Cour de Versailles.
- Livre VIII, *De la Cour* – l'enjeu est de dénoncer les faux semblants, l'hypocrisie des courtisans et de donner quelques règles à suivre pour l'honnête homme.
- Livre IX, *Des Grands* – l'enjeu poursuit celui du livre VIII avec un accent mis sur le vice de la jalousie.

- Livre X, *Du Souverain ou de la République* – l'enjeu est d'offrir un livre pédagogique au Roi permettant de discerner la bonne politique de la mauvaise, et de faire l'éloge du monarque éclairé.

Il est recommandé de lire une première fois **l'intégralité des livres** dans l'ordre voulu par La Bruyère, puis de les relire au gré des exercices, dans l'ordre que l'on souhaite, de **les fréquenter souvent**, afin de les intégrer pleinement dans sa démarche de réflexion. *Les Caractères* font partie de ces livres que l'on assimile à force de retours au texte. Seule une innutrition de plusieurs mois permettra une familiarisation à l'ouvrage, progressive et suffisante pour garantir la réussite en dissertation comme en explication linéaire.

Activités

Voici quelques activités que vous pouvez mener pour vous approprier l'œuvre, seul/e ou au sein d'un groupe de travail :

Réaliser la galerie des portraits des livres V à X

Vous pouvez vous constituer un carnet avec les noms propres des personnages dépeints par La Bruyère dans les livres V à X des *Caractères*. L'objectif est d'entraîner votre mémoire à retrouver les personnages-types et leur caractère à l'aide de quelques indices. Vous pouvez par exemple utiliser des mots-clés, ou bien dessiner un portrait pour chaque personnage, à la manière d'une caricature, avec un paysage ou une situation qui illustre la thèse de l'auteur, ou encore utiliser des photos ou des photomontages pour visualiser les catégories décrites dans les remarques. Ce carnet, qui peut être numérique ou papier, est un bon outil pour préparer une dissertation. Il sera toujours plus facile d'illustrer un argument dans un paragraphe à l'aide d'un portrait que l'on rappelle dans les grandes lignes que de retrouver dans sa mémoire la bonne citation parmi un grand nombre que l'on aura appris.

Le *best of* de citations

Vous pouvez utiliser les citations de ce livre pour commencer à avoir des repères dans l'œuvre ou bien créer votre propre anthologie de citations. Il est possible, si vous étudiez l'œuvre assez tôt dans l'année, d'enrichir votre cahier de citations et de les organiser efficacement. Le but est d'avoir la bonne remarque illustrant parfaitement un argument que vous souhaitez développer.

Les pastiches : écrire à la manière de La Bruyère

Cette activité est très ludique et peut être pratiquée aussi bien seul/e que dans le cadre d'un travail collectif. L'idée est simple, il s'agit d'imiter le style de La Bruyère. On peut opter pour la forme courte. Dans ce cas, on part d'un constat sur les mœurs contemporaines et l'on tente de proposer une phrase de réflexion, une remarque profonde et bien cadencée. Ou alors on opte pour une forme plus longue, et l'on essaie par exemple de pasticher un portrait. On peut partir d'un type de personne que l'on veut caricaturer (si le travail est collectif, ne prenez personne du groupe et ne mettez pas vos camarades mal à l'aise !) et détailler des traits précis de son tempérament, de ses relations sociales et de ses vices. On veillera à créer un effet de chute à la fin du texte.

Mettre en voix/mettre en scène *les Caractères*

Cette activité consiste à interpréter oralement les textes afin de mieux percevoir les rythmes, les emphases, les images et parfois l'ironie. On peut simplement lire à haute voix un extrait, ou aller jusqu'à imprimer une intention, jouer avec le ton, en particulier si on lit le portrait d'un personnage. Si on aime le théâtre, on peut aller jusqu'à envisager une mise en espace de caractères. On peut mimer des attitudes, improviser des dialogues entre personnages, prolonger des réflexions à partir de la lecture de quelques remarques, voire monter des saynètes à partir des textes de La Bruyère. Ce type d'activité est particulièrement efficace pour retenir des passages importants et accéder aux différents niveaux de lecture.

Citations

Les citations qui suivent sont classées par thèmes. Pour réussir une dissertation sur table, sans le livre, il est indispensable d'avoir appris par cœur quelques extraits de l'œuvre. Plus les citations mémorisées seront nombreuses et plus on aura le choix dans l'illustration de ses arguments. Il est donc conseillé de puiser parmi les extraits suivants afin de se constituer une fiche personnelle de citations, et de les apprendre tout au long de la séquence sur *les Caractères* (il faudra ensuite les reprendre régulièrement jusqu'à l'examen) : une vingtaine serait un bon objectif.

Sur l'ambition et les intrigues

« L'esclave n'a qu'un maître : l'ambitieux en a autant qu'il y a de gens utiles à sa fortune. » VIII, 70

« Un homme qui a vécu dans l'intrigue un certain temps, ne peut plus s'en passer ; toute autre vie pour lui est languissante. » VIII, 91

« Il n'y a au monde que deux manières de s'élever, ou par sa propre industrie, ou par l'imbécillité des autres. » VI, 52

« L'on se couche à la cour et l'on se lève sur l'intérêt [...] » VIII, 22

« C'est beaucoup tirer de notre ami, si ayant monté à une grande faveur, il est encore un homme de notre connaissance. » VIII, 25

« Je crois pouvoir dire d'un poste éminent et délicat, qu'on y monte plus aisément qu'on ne s'y conserve. » VIII, 33

Sur l'honnête homme

« Ne pouvoir supporter tous les mauvais caractères dont le monde est plein, n'est pas un fort bon caractère : il faut dans le commerce des pièces d'or, et de la monnaie. » V, 37

« Le sage quelquefois évite le monde, de peur d'être ennuyé. » V, 83

« Il faut qu'un honnête homme ait tâté de la Cour ; il découvre en y entrant comme un nouveau monde qui lui était inconnu, où il voit régner également le vice et la politesse, et où tout lui est utile, le bon et le mauvais. » VIII, 9

« Les Grands dédaignent les gens d'esprit qui n'ont que de l'esprit ; les gens d'esprit méprisent les grands qui n'ont que de la grandeur : les gens de bien plaignent les uns et les autres, qui ont ou de la grandeur ou de l'esprit, sans nulle vertu. » IX, 12

« Tu es Grand, tu es puissant, ce n'est pas assez ; fais que je t'estime, afin que je sois triste d'être déchu de tes bonnes grâces, ou de n'avoir pu les acquérir. » IX, 36

« Avec un esprit sublime, une doctrine universelle, une probité à toutes épreuves, et un mérite très accompli, n'appréhendez pas, ô Aristide, de tomber à la Cour, ou de perdre la faveur des Grands, pendant tout le temps qu'ils auront besoin de vous. » IX, 93

« Ces admirables vertus me semblent renfermées dans l'idée du souverain ; il est vrai qu'il est rare de les voir réunies dans un même sujet ; il faut que trop de choses concourent à la fois, l'esprit, le cœur, les dehors, le tempérament ; et il me paraît qu'un monarque qui les rassemble toutes en sa personne, est bien digne du nom de Grand. » X, 35

Sur les apparences

« La politesse n'inspire pas toujours la bonté, l'équité, la complaisance, la gratitude ; elle en donne du moins les apparences, et fait paraître l'homme au dehors comme il devrait être intérieurement. » V, 32

« Vous le croyez votre dupe ; s'il feint de l'être, qui est plus dupe de lui ou de vous ? » V, 58

« L'on remarque dans les cours des hommes avides, qui se revêtent de toutes les conditions pour en avoir les avantages ; [...] ils sont *amphibies* ; ils vivent de l'Église et de l'épée, et auront le secret d'y joindre la robe [...]. » VIII, 46

Sur le luxe

« Le faste et le luxe dans un souverain, c'est le berger habillé d'or et de pierreries, la houlette d'or en ses mains ; son chien a un collier d'or, il est attaché avec une laisse d'or et de soie, que sert tant d'or à son troupeau, ou contre les loups ? » X, 29

« Les cours ne sauraient se passer d'une certaine espèce de courtisans, hommes flatteurs, complaisants, insinuants, dévoués aux femmes [...] : ils font les modes, raffinent sur le luxe et sur la dépense, et apprennent à ce sexe de prompts moyens de consumer de grandes sommes en habits, en meubles et en équipages [...]. » VIII, 18

Sur l'ordre politique

« Nous avons pour les Grands et pour les gens en place une jalousie stérile, ou une haine impuissante, qui ne nous venge point de leur splendeur et de leur élévation, et qui ne fait qu'ajouter à notre propre misère le poids insupportable du bonheur d'autrui : que faire contre une maladie de l'âme si invétérée et si contagieuse ? » IX, 51

« La Cour ne rend pas content, elle empêche qu'on le soit ailleurs. » VIII, 8

« La ville est partagée en diverses sociétés, qui sont comme autant de petites républiques, qui ont leurs lois, leurs usages, leur jargon, et leurs mots pour rire [...] » VII, 4

« On ne laisse pas de voir dans cet usage une espèce de subordination ; car ce peuple paraît adorer le Prince, et le Prince adorer Dieu. » VIII, 74

« C'est une pure hypocrisie à un homme d'une certaine élévation, de ne pas prendre d'abord le rang qui lui est dû, et que tout le monde lui cède [...] » IX, 44

« Quand l'on parcourt sans la prévention de son pays toutes les formes de gouvernement, l'on ne sait à laquelle se tenir; il y a dans toutes le moins bon, et le moins mauvais. Ce qu'il y a de plus raisonnable et de plus sûr, c'est d'estimer celle où l'on est né la meilleure de toutes, et de s'y soumettre. » X, 1

« C'est une politique sûre et ancienne dans les Républiques, que d'y laisser le peuple s'endormir dans les fêtes, dans les spectacles, dans le luxe, dans le faste, dans les plaisirs, dans la vanité et la mollesse; le laisser se remplir de vide, et savourer la bagatelle: quelles grandes démarches ne fait-on pas au despotique par cette indulgence! » X, 3

Sur le *theatrum mundi*

« Dans cent ans le monde subsistera encore en son entier: ce sera le même théâtre et les mêmes décorations, ce ne seront plus les mêmes acteurs. Tout ce qui se réjouit sur une grâce reçue, ou ce qui s'attriste et se désespère sur un refus, tous auront disparu de dessus la scène; il s'avance déjà sur le théâtre d'autres hommes qui vont jouer dans une même pièce les mêmes rôles, ils s'évanouiront à leur tour, et ceux qui ne sont pas encore, un jour ne seront plus: de nouveaux acteurs ont pris leur place? quel fond à faire sur un personnage de comédie. » VIII, 99

« Si vous allez derrière un théâtre, et si vous nombrez les poids, les roues, les cordages, qui font les vols et les machines [...] vous direz: sont-ce là les principes et les ressorts de ce spectacle si beau, si naturel, qui paraît animé et agir de soi-même? vous vous récrierez, quels efforts, quelle violence! de même n'approfondissez pas la fortune des partisans. » VI, 25

« Le peuple souvent a le plaisir de la tragédie; il voit périr sur le théâtre du monde les personnages les plus odieux, qui ont fait le plus de mal dans diverses scènes, et qu'il a le plus haïs. » VI, 31

« *Sosie* de la livrée a passé par une petite recette à une sous-ferme; et par les concussions, la violence et l'abus qu'il a fait de ses *pouvoirs*, il s'est enfin sur les ruines de plusieurs familles élevé à quelque grade ; devenu noble par une charge, il ne lui manquait que d'être homme de bien : une place de marguillier a fait ce prodigue. » VI, 15

« Dans ces lieux d'un concours général, où les femmes se rassemblent pour montrer une belle étoffe [...], on ne se promène pas avec une compagne par la nécessité de la conversation : on se joint ensemble pour se rassurer sur le théâtre, s'apprivoiser avec le public, et se raffermir contre la critique : c'est là précisément qu'on se parle pour rien se dire ; ou plutôt qu'on parle pour les passants, pour ceux même en faveur de qui l'on hausse sa voix, l'on gesticule et l'on badine, l'on penche négligemment la tête, l'on passe et l'on repasse. » VII, 3

« *Théodote* avec un habit austère a un visage comique et d'un homme qui entre sur la scène [...] » VIII, 61

« La vie de Cour est un jeu sérieux, mélancolique, qui applique ; il faut arranger ses pièces et ses batteries, avoir un dessein, le suivre, parer celui de son adversaire, hasarder quelquefois, et jouer de caprice [...] » VIII, 64

« [...] il [*Pamphile*] se fait suivre, vous parle si haut, que c'est une scène pour ceux qui passent : aussi les Pamphiles sont-ils toujours comme sur un théâtre ; gens nourris dans le faux, et qui ne haïssent rien tant que d'être naturels ; vrais personnages de comédie, des *Floridors*, des *Mondoris.* » IX, 50

« Le ministre ou le plénipotentiaire est un caméléon, est un Protée : semblable quelquefois à un joueur habile, il ne montre ni humeur, ni complexion [...]. » X, 12

« Le plaisir d'un roi qui mérite de l'être, est de l'être moins quelquefois ; de sortir du théâtre, de quitter le bas de saye et les brodequins, et de jouer avec une personne de confiance un rôle plus familier. » X, 16

Sur la parole et la mesure

« L'esprit de la conversation consiste bien moins à en montrer beaucoup qu'à en faire trouver aux autres ; celui qui sort de votre entretien content de soi et de son esprit, l'est de vous parfaitement. » V, 16

« C'est une grande misère que de n'avoir pas assez d'esprit pour bien parler, ni assez de jugement pour se taire. Voilà le principe de toute impertinence. » V, 18

« Les plus grandes choses n'ont besoin que d'être dites simplement, elles se gâtent par l'emphase, il faut dire noblement les plus petites ; elles ne se soutiennent que par l'expression, le ton et la manière. » V, 77

Sur l'hypocrisie

« Si le financier manque son coup, les courtisans disent de lui, c'est un bourgeois, un homme de rien, un malotru ; s'il réussit, ils lui demandent sa fille. » VI, 7

« C'est une pure hypocrisie à un homme d'une certaine élévation, de ne pas prendre d'abord le rang qui lui est dû, et que tout le monde lui cède ; il ne lui coûte rien d'être modeste [...]. La modestie est d'une pratique plus amère aux hommes d'une condition ordinaire [...]. » IX, 44

L'ironie de La Bruyère

« [...] quel moyen de comprendre dans la première heure de la digestion qu'on puisse quelque part mourir de faim ? » VI, 18

« Il n'y a rien à la Cour de si méprisable et de si indigne qu'un homme qui ne peut contribuer en rien à notre fortune ; je m'étonne qu'il ose se montrer. » VIII, 23

Le parcours associé :
« **La comédie sociale** »

Présentation du parcours associé « la comédie sociale »

L'intitulé du parcours associé oriente l'étude de l'œuvre et des textes complémentaires vers l'idée qu'il se joue, dans la société, une véritable comédie, soit l'équivalent d'une pièce de théâtre. Les individus d'une époque, tels des acteurs, interpréteraient leur rôle, dissimuleraient leurs véritables intentions et étonneraient par les contradictions de leurs humeurs. Certains auteurs, du XVIe au XVIIIe siècle, mettent en exergue les traits saillants de la société de leur temps par le jeu comique, et bien qu'ils ne soient pas nécessairement dramaturges. Il faut comprendre que **l'intention peut être de faire rire, de railler, d'exposer le ridicule, mais aussi de reconstituer une cohérence d'ensemble, dans une variété de genres littéraires (de la maxime au conte philosophique)**. Autrement dit, le parcours invite le lycéen à balayer le spectre des fonctions de la comédie, qu'elle soit comédie de mœurs, de caractère, d'intrigue, de situation, ou même tragi-comédie.

Propositions de parcours autour de l'œuvre

Parcours 1 Le théâtre du monde

Ce parcours propose d'approfondir la problématique du *theatrum mundi* au cœur des livres V à X des *Caractères*. Les textes proposés reprennent le *topos*, de Montaigne à Bossuet, avec une insistance sur la question de la mort. Dire que le monde est un théâtre, c'est penser la sortie de scène, c'est peindre une existence éphémère, singulière et imprévue, comme une représentation comique. La métaphore file toute la dimension du spectacle : les sujets sont **des personnages qui jouent un rôle**, ils avancent masqués (on pense à la devise de Descartes : *larvatus prodeo*), ils évoluent sur une scène, se donnent en spectacle, cherchent les applaudissements, fuient les fautes de goût, dissimulent la réalité derrière le voile de la représentation, rejoignent le plus tard possible les coulisses, condamnés pourtant à quitter la scène pour laisser la place à des comédiens plus jeunes et plus talentueux. Ce parcours conduit à observer la question de la vanité (particulièrement centrale à la Renaissance, et par conséquent sous la plume de Montaigne) ainsi que celle des illusions (celles auxquelles on croit et celles que l'on crée pour les autres).

Textes, suivis d'une explication

Montaigne, *Essais*, III, X (1588)

> La plupart de nos vacations sont farcesques. *Mundus universus exercet histrionam*[1]. Il faut jouer dûment notre rôle, mais comme rôle d'un personnage emprunté. Du masque et de l'apparence il n'en faut pas faire une essence réelle, ni de l'étranger le propre. Nous ne savons pas distinguer la peau de la chemise. C'est assez de s'enfariner le visage, sans s'enfariner la poitrine. J'en vois qui se transforment et se transsubstantient en autant de nouvelles figures et de nouveaux êtres qu'ils entreprennent de charges, et qui se prélatent jusques au foie et aux intestins, et entraînent leur office jusques en leur garde-robe. [...] Ils enflent et grossissent leur âme et leur discours naturel, selon la hauteur de leur siège magistral. Le maire et Montaigne ont toujours été deux, d'une séparation bien claire. Pour être avocat ou financier, il n'en faut pas méconnaître la fourbe qu'il y a en de telles vacations ; un honnête homme n'est pas comptable du vice ou sottise de son métier et ne doit pourtant en refuser l'exercice ; c'est l'usage de son pays et il y a du profit ; il faut vivre du monde, et s'en prévaloir, tel qu'on le trouve.
>
> Édition établie par E. Naya, Gallimard, 2009

Montaigne fait référence à Pétrone, enracinant la réflexion dans l'Antiquité et ouvrant la voie aux auteurs baroques : le monde est un **trompe-l'œil** et nos vies rien de plus que des farces. Celui qui fut maire de Bordeaux nous exhorte à ne pas confondre le rôle social de notre véritable nature. Le lexique du théâtre fait écho aux jeux de **dissimulation** des humains, tant sur le plan physique (comme l'auteur l'aborde dans le chapitre XXXV du livre I des *Essais*, intitulé « De l'usage de se vestir ») que sur le plan moral (le mensonge est abordé plusieurs fois dans les *Essais*, entre autres également au livre I dans le chapitre IX, « Des menteurs »). Ce texte figure dans la troisième et dernière partie des *Essais*, comme pour préfigurer justement une sortie de scène. L'exercice d'humilité est

1. *Mundus universus exercet histrionam* : le monde entier joue la comédie (Pétrone).

manifeste : Montaigne entend descendre de tout siège magistral (puisque, en définitive, « au plus élevé trône du monde, si ne sommes assis que sur notre cul », livre III, chapitre XIII) et se rappeler à lui-même que les distinctions dans cette vie sont peu de choses – les rôles que l'on joue ne disent pas tout de l'être que l'on est.

Corneille, *L'Illusion comique*, acte V, scène 6, 1636

PRIDAMANT. — [...] N'attendez pas de moi des plaintes davantage :
La douleur qui se plaint cherche qu'on la soulage ;
La mienne court après son déplorable sort.
Adieu, je vais mourir, puisque mon fils est mort.

ALCANDRE. — D'un juste désespoir l'effort est légitime,
Et de le détourner je croirais faire un crime.
Oui, suivez ce cher fils sans attendre à demain,
Mais épargnez du moins ce coup à votre main :
Laissez faire aux douleurs qui rongent vos entrailles,
Et, pour les redoubler, voyez ses funérailles.

On tire un rideau et on voit tous les comédiens qui partagent leur argent.

PRIDAMANT. — Que vois-je ! chez les morts compte-t-on de l'argent ?

ALCANDRE. — Voyez si pas un d'eux s'y montre négligent !

PRIDAMANT. — Je vois Clindor, Rosine. Ah ! Dieu ! quelle surprise !
Je vois leur assassin, je vois sa femme et Lyse !
Quel charme en un moment étouffe leurs discords
Pour assembler ainsi les vivants et les morts ?

ALCANDRE. — Ainsi, tous les acteurs d'une troupe comique,
Leur poème récité, partagent leur pratique.
L'un tue et l'autre meurt, l'autre vous fait pitié,
Mais la scène préside à leur inimitié ;
Leurs vers font leur combat, leur mort suit leurs paroles,
Et sans prendre intérêt en pas un de leurs rôles,
Le traître et le trahi, le mort et le vivant
Se trouvent à la fin amis comme devant.

Votre fils et son train ont bien su par leur fuite
D'un père et d'un prévôt éviter la poursuite ;
Mais tombant dans les mains de la nécessité,
Ils ont pris le théâtre en cette extrémité.

PRIDAMANT. — Mon fils comédien !

ALCANDRE. — D'un art si difficile
Tous les quatre au besoin en ont fait leur asile,
Et depuis sa prison ce que vous avez vu,
Son adultère amour, son trépas impourvu,
N'est que la triste fin d'une pièce tragique
Qu'il expose aujourd'hui sur la scène publique,
Par où ses compagnons et lui, dans leur métier,
Ravissent dans Paris un peuple tout entier.

Corneille illustre la notion par une **mise en abyme** : Alcandre dévoile à la fin de la pièce les mécanismes qui ont illusionné le pauvre Pridamant. Ce texte, très célèbre, illustre tous **les pouvoirs du théâtre** : donner l'impression de réalité, capter l'attention, générer des émotions fortes au spectateur alors que le récit est faux. La place de cet extrait se justifie dans le parcours car on entre avec Corneille dans une réflexion lucide sur les artifices du théâtre. L'auteur affronte l'ambiguïté qui traverse le XVIIe siècle quant à son rapport aux arts de la scène : on aime le spectacle, on y a va avec plaisir, on célèbre les grands dramaturges et les arguments anciens, tout en condamnant farouchement les excès de vraisemblance, les mensonges, les parades, les déguisements et les malhonnêtetés. Le regard de l'Église sur le théâtre est sévère à cette époque, les comédiens risquant l'excommunication et le métier de dramaturge étant livré aux affres de la fortune et aux caprices des mécènes. Cette ouverture de rideau que propose Corneille à la fin de l'*Illusion comique* (fin d'une pièce de théâtre à la fin d'une pièce de théâtre) renvoie le spectateur à cette réflexion : quelle valeur accorder au théâtre dans une société qui condamne (mais pratique pourtant) **l'art de l'illusion** ? Si notre monde est une scène, qui joue le rôle d'Alcandre, le magicien nous dévoilant enfin les astuces et révélant, pour notre compréhension, la vérité nue ?

Bossuet, *Sermon sur la mort*, 1662

> Cette recrue continuelle du genre humain, — je veux dire les enfants qui naissent, — à mesure qu'ils croissent et qu'ils s'avancent, semblent nous pousser de l'épaule, et nous dire : Retirez-vous, c'est maintenant notre tour. Ainsi, comme nous en voyons passer d'autres devant nous, d'autres nous verront passer, qui doivent à leurs successeurs le même spectacle. Ô Dieu ! encore une fois, qu'est-ce que de nous ? Si je jette la vue devant moi, quel espace infini où je ne suis pas ! si je la retourne en arrière, quelle suite effroyable où je ne suis plus ! et que j'occupe peu de place dans ce[t] abîme immense du temps ! Je ne suis rien : un si petit intervalle n'est pas capable de me distinguer du néant : on ne m'a envoyé que pour faire nombre ; encore n'avait-on que faire de moi, et la pièce n'en aurait pas été moins jouée, quand je serais demeuré derrière le théâtre.

Bossuet inscrit la réflexion dans un sermon plus funeste. Il invite les chrétiens à plus d'**humilité**. Le texte file la métaphore de la scène, sur laquelle entrent et sortent des humains en permanence. Le lecteur est aussi celui qui s'attarde, et voudrait repousser l'échéance de la fin de sa scène. Bossuet poursuit une médiation sur l'infini et le **vertige** de l'homme face à deux énigmes : le néant et l'absolu. Dans la veine des *Pensées* de Pascal, ce texte suggère toute l'angoisse du croyant, se sachant trop petit, infime dans l'ordre de la création, courant irrémédiablement à sa perte.

- **Bilan du parcours et prolongements possibles**

Ce parcours peut venir enrichir une séquence sur le théâtre et les notions acquises (ou à acquérir) dans le cadre de **l'objet d'étude « Le théâtre du** XVIIe **siècle au** XXIe **siècle »**. L'étude de pièces de diverses époques peut enrichir cette réflexion sur la portée du théâtre et sa faculté à ouvrir une réflexion d'ordre métaphysique. On pourra lire le texte de **Pirandello, *Six personnages en quête d'auteur* (1921)**, ou voir une mise en scène (captation de la mise en scène de Stéphane Braunschweig au théâtre national de la Colline en 2012). Toute l'œuvre de Joël **Pommerat** peut également constituer un bon point d'appui pour avancer dans les discussions autour du *theatrum mundi.* Ses pièces suggèrent souvent une réflexion sur le média même qui porte le texte et le spectacle, sur la valeur de vérité et d'honnêteté de la démarche scénique. On peut, par exemple, voir la captation de *Ma chambre froide,* représentée en 2011 aux Ateliers Berthier du théâtre de l'Odéon : dans cette pièce des employés d'un magasin décident de créer une pièce de théâtre pour rendre hommage à leur patron – le spectateur se retrouve à confondre les plans de réalité. On peut aussi entrer plus largement dans le **théâtre de l'absurde**, de Camus à Ionesco, en passant par Beckett. *Le Roi se meurt* (1962) de **Ionesco** peut tout à fait prolonger un travail sur le *theatrum mundi* en ce sens que le personnage de Béranger projette autour de lui un monde qui est à la fois irréel et angoissant : son royaume en ruine, son existence qui s'effondre.

Parcours 2 Louis XIV, un roi de comédie

Ce parcours propose de s'intéresser aux **portraits satiriques** du Roi Louis XIV. Les textes du corpus peuvent venir d'abord contrebalancer l'éloge du monarque que propose La Bruyère à la fin du livre X. Les auteurs retenus montrent que le roi n'est pas sans défaut et surtout qu'il est influençable. Or, le corpus peut révéler, ensuite, que ce **jeu d'influences** est le propre de la monarchie du Roi Soleil. Tout y est affaire de représentation et de manipulations.

Textes, suivis d'une explication

La Fontaine, *Fables*, Livre VIII, XIV, 1679

Les obsèques de la Lionne

La femme du Lion mourut ;
Aussitôt chacun accourut
Pour s'acquitter envers le Prince
De certains compliments de consolation,
Qui sont surcroît d'affliction.
Il fit avertir sa province

Que les obsèques se feraient
Un tel jour, en tel lieu ; ses prévôts y seraient
Pour régler la cérémonie,
Et pour placer la compagnie.
Jugez si chacun s'y trouva.
Le Prince aux cris s'abandonna,
Et tout son antre en résonna :
Les Lions n'ont point d'autre temple.
On entendit, à son exemple,
Rugir en leur patois Messieurs les courtisans.
Je définis la cour un pays où les gens,
Tristes, gais, prêts à tout, à tout indifférents,
Sont ce qu'il plaît au Prince, ou, s'ils ne peuvent l'être,
Tâchent au moins de le paraître :
Peuple caméléon, peuple singe du maître ;
On dirait qu'un esprit anime mille corps :
C'est bien là que les gens sont de simples ressorts.
Pour revenir à notre affaire,
Le Cerf ne pleura point. Comment eût-il pu faire ?
Cette mort le vengeait : la Reine avait jadis
Étranglé sa femme et son fils.
Bref, il ne pleura point. Un flatteur l'alla dire,
Et soutint qu'il l'avait vu rire.
La colère du Roi, comme dit Salomon,
Est terrible, et surtout celle du roi Lion ;
Mais ce Cerf n'avait pas accoutumé de lire.
Le Monarque lui dit : « Chétif hôte des bois,
Tu ris ! tu ne suis pas ces gémissantes voix !
Nous n'appliquerons point sur tes membres profanes
Nos sacrés ongles : venez, Loups,
Vengez la Reine ; immolez tous
Ce traître à ses augustes mânes. »
Le Cerf reprit alors : « Sire, le temps de pleurs
Est passé ; la douleur est ici superflue.
Votre digne moitié, couchée entre des fleurs,
Tout près d'ici m'est apparue ;
Et je l'ai d'abord reconnue.
« Ami, m'a-t-elle dit, garde que ce convoi,

« Quand je vais chez les Dieux, ne t'oblige à des larmes.
« Aux Champs Elysiens j'ai goûté mille charmes,
« Conversant avec ceux qui sont saints comme moi.
« Laisse agir quelque temps le désespoir du Roi.
« J'y prends plaisir. » À peine on eut ouï la chose,
Qu'on se mit à crier : « Miracle ! Apothéose ! »
Le Cerf eut un présent, bien loin d'être puni.

Amusez les rois par des songes,
Flattez-les, payez-les d'agréables mensonges :
Quelque indignation dont leur cœur soit rempli,
Ils goberont l'appât ; vous serez leur ami.

Le roi est à la merci d'une cour habile, artificielle et instable. Il est soumis aux mensonges et aux **tromperies** de ses sujets. La Cour est ductile, malléable, changeante. Elle se plie aux désirs du Prince et aux circonstances. Cette aptitude à être **protéiforme**, caméléon, « amphibie » dirait La Bruyère, est une menace pour le roi, qui ne sait plus discerner l'authentique compassion de la tristesse feinte. Le Cerf est le personnage qui crée la rupture dans ce récit, car il ne dissimule pas, ne trafique pas son humeur. Il est la cible d'un courtisan malveillant qui traduit de sa neutralité une offense. Le Cerf est accusé d'avoir ri pour n'avoir pas pleuré. Il est sur le point d'être immolé, quand il utilise une ruse : **un songe** (terme phonétiquement, et sémantiquement, proche du mot ***mensonge***). Il est récompensé plutôt que molesté, et La Fontaine d'en déduire que les rois sont aisément manipulables. Ce texte permet d'illustrer le goût du spectaculaire à la Cour de Louis XIV. Le peuple et les courtisans sont avides de formules enchanteresses et de tours d'esprit. La faveur du monarque se gagne par la **flatterie** et les contes absurdes.

Montesquieu, *Lettres persanes*, 1721

Extrait de la lettre XXXVII, de Usbek à Ibben

Le roi de France est vieux. Nous n'avons point d'exemple dans nos histoires d'un monarque qui ait si longtemps régné. On dit qu'il possède à un très haut degré le talent de se faire obéir : il gouverne avec le même génie sa famille, sa cour, son État. On lui a souvent entendu dire que, de tous les gouvernements du monde, celui des Turcs, ou celui de notre auguste sultan, lui plairait le mieux, tant il fait cas de la politique orientale.

J'ai étudié son caractère, et j'y ai trouvé des contradictions qu'il m'est impossible de résoudre : par exemple, il a un ministre qui n'a que dix-huit ans, et une maîtresse qui en a quatre-vingts ; il aime sa religion, et il ne peut souffrir ceux qui disent qu'il la faut observer à la rigueur ; quoiqu'il fuie le tumulte des villes, et qu'il se communique peu, il n'est occupé, depuis le matin jusques au soir, qu'à faire parler de lui ; il aime les trophées et les victoires, mais il craint autant de voir un bon général à la tête de ses troupes, qu'il aurait sujet de le craindre à la tête d'une armée ennemie. Il n'est, je crois, jamais arrivé qu'à lui d'être en même temps, comblé de plus de richesses qu'un prince n'en saurait espérer, et accablé d'une pauvreté qu'un particulier ne pourrait soutenir.

Il aime à gratifier ceux qui le servent ; mais il paye aussi libéralement les assiduités, ou plutôt l'oisiveté de ses courtisans, que les campagnes laborieuses de ses capitaines ; souvent il préfère un homme qui le déshabille, ou qui lui donne la serviette lorsqu'il se met à table, à un autre qui lui prend des villes ou lui gagne des batailles. Il ne croit pas que la grandeur souveraine doive être gênée dans la distribution des grâces, et, sans examiner si celui qu'il comble de biens est homme de mérite, il croit que son choix va le rendre tel : aussi lui a-t-on vu donner une petite pension à un homme qui avait fui deux lieues, et un beau gouvernement à un autre qui en avait fui quatre.

Il est magnifique, surtout dans ses bâtiments : il y a plus de statues dans les jardins de son palais que de citoyens dans une grande ville. Sa garde est aussi forte que celle du prince devant qui les trônes se renversent ; ses armées sont aussi nombreuses, ses ressources aussi grandes, et ses finances aussi inépuisables.

À Paris, le 7 de la lune de Maharram, 1713

Là encore le roi est peint dans sa **vulnérabilité**. Il est entouré d'hommes dont il ne questionne plus le mérite. Montesquieu utilise la figure du **Persan comme outil d'objectivité**. L'étranger est lucide et observe la Cour et le Roi avec tout l'étonnement naturel. L'Orient, qui vient regarder un des plus grands rois de l'Occident, porte un jugement cruel mais sans cynisme (c'est Montesquieu qui est ironique, pas l'épistolier Usbek). Ce roi sans âge, omnipotent et quasi-omniscient est devenu une caricature, un pantin grotesque. Montesquieu propose une étude du **caractère** du Roi, dans laquelle se manifestent les pires contradictions. Cette réserve qu'avait La Bruyère à l'endroit de Louis XIV, Montesquieu ne l'a plus (sans doute parce qu'il fait paraître *Lettres persanes* en 1721, soit six années après la mort du Roi) : sa prise de risque est davantage dans le **détrônement littéraire** qu'il entreprend de la figure royale. La grandeur honorée par les historiographes, les courtisans et les auteurs de la première moitié du XVIIIe siècle trouve ici un détracteur. L'attribution des honneurs et des faveurs se fait en dehors de tout mérite. On peut également voir une référence à l'idéologie de **l'honnête homme** défendue par les moralistes du siècle précédent. Les conséquences de la vie luxueuse et de l'avidité de conquêtes de Louis XIV sont critiquées ici avec **ironie** par le philosophe des Lumières. Comme d'autres auteurs, Montesquieu voit dans les excès de fin de règne du Roi Soleil les responsables des difficultés présentes du royaume.

Saint-Simon, *Mémoires*, écrits de 1739 à 1750

> *Politique du plus grand luxe ; son mauvais goût.* Il aima en tout la splendeur, la magnificence, la profusion. Ce goût, il le tourna en maxime par politique, et l'inspira en tout à sa cour. C'était lui plaire que de s'y jeter en tables, en habits, en équipages, en bâtiments, en jeu. C'étaient des occasions pour qu'il parlât aux gens. Le fond était qu'il tendait et parvint par là à épuiser tout le monde en mettant le luxe en honneur, et pour certaines parties en nécessité ; et réduisit ainsi peu à peu tout le monde à dépendre entièrement de ses bienfaits pour subsister. Il y trouvait encore la satisfaction de son orgueil par une cour superbe en tout, et par une plus grande confusion qui anéantissait de plus en plus les distinctions naturelles. C'est une plaie qui, une

fois introduite, est devenue le cancer intérieur qui ronge tous les particuliers, qui force ceux d'un état à pouvoir voler à ne pas s'y épargner pour la plupart, dans la nécessité de soutenir leur dépense, et que la confusion des états, que l'orgueil, que jusqu'à la bienséance entretiennent, qui par la folie du gros va toujours en augmentant, dont les suites sont infinies, et ne vont à rien moins qu'à la ruine et au renversement général. Rien jusqu'à lui n'a jamais approché du nombre et de la magnificence de ses équipages de chasses, et de toutes ses autres sortes d'équipages. Ses bâtiments, qui les pourrait nombrer ? En même temps, qui n'en déplorera pas l'orgueil, le caprice, le mauvais goût ?

Saint Simon poursuit le travail de **démystification** de Louis XIV. Il raille à son tour le goût du **luxe** du monarque, responsable d'une politique dispendieuse et orgueilleuse. La Cour plaît au Roi par ses exubérances et le Roi plaît à la Cour par la magnificence qui se donne en spectacle. Le **mimétisme** renvoie à cette critique présente chez La Bruyère et chez La Fontaine, d'une ville qui singe la Cour, d'une Cour qui singe le Roi. Le Souverain est vu comme un être de vices, et l'on a ici un bon exemple de contre-éloge (ou de **blâme**). L'orgueil est décrit comme une maladie, qui aurait infecté tous les membres de la Cour, et dont les conséquences, encore une fois, se paient aux règnes suivants. Ce texte est celui des trois qui est le plus offensif, en cela qu'il fait de Louis XIV un **fou orgueilleux**.

- **Bilan du parcours et prolongements possibles**

Le parcours permet de voir une gradation dans la critique de Louis XIV. Peu à peu, le monarque tombe de son piédestal. Il est un peu naïf chez La Fontaine, un peu excessif chez Montesquieu, totalement fou chez Saint-Simon. D'un texte à l'autre, on voit se développer une littérature de combat. Il peut être intéressant de montrer, par ce parcours, que la littérature d'idées devient de plus en plus explicite. En abattant textuellement une idole, on s'affranchit du rôle contraint de l'auteur. L'écrivain sort de son rôle d'historiographe, d'académicien, de flatteur, pour se tenir toujours mieux du côté de la vérité, quel qu'en soit le prix.

On prolongera avec intérêt ce parcours par une étude d'image. ***Le portrait de Louis XIV* de Hyacinthe Rigaud**, datant de 1701, paraît une référence incontournable. Le tableau représente le roi, en pied, dans une attitude altière, parfaitement emblématique du personnage. On pourra ainsi mieux saisir toute la portée subversive des portraits de Montesquieu et de Saint-Simon qui ont grandi avec l'image dorée du monarque. On peut voir que ce tableau soigne la mise en scène : on a comme un manteau d'Arlequin en arrière-plan (soit la fameuse ouverture de rideau du théâtre), une colonne et une perspective qui font penser à un décor de théâtre, le manteau d'hermine aux armoiries de France en un immense drapé bleu, l'épée de Charlemagne, le collier de l'ordre du Saint-Esprit, le sceptre, la couronne et la main de justice. Le visage du roi est radieux et paisible. Il est sur une estrade, comme une scène, dans une posture de trois quarts qui évoque la danse ou la comédie.

L'étude de films centrés sur le personnage de Louis XIV peut s'avérer également très instructive. On peut saisir le traitement spécifique que réserve le cinéma à l'un des monarques les plus célèbres. Si l'on prend ***Le roi danse* (2000) de Gérard Corbiau**, par exemple, on assiste à une glorification du Souverain, l'accent étant mis sur son amour de l'art et son rôle de mécène. La théâtralisation du pouvoir est vue avec poésie et rend hommage aux compositeurs qui construisirent la légende du Roi Soleil. Dans **le film de Sacha Guitry, *Si Versailles m'était conté* (1953)**, on voit un roi sage, mesuré, mais en proie aux manigances et aux stratagèmes de sa cour. Tout autour de lui les complots s'ourdissent au point de le faire vieillir. Ce roi vieillissant et mourant, c'est le sujet de ***La mort de Louis XIV* (2016) d'Albert Serra**, qui donne à l'acteur Jean-Pierre Léaud (figure centrale du cinéma de Truffaut et de la nouvelle vague) le soin de réinterpréter la légende de Louis XIV. Le film met en scène la lente agonie du Roi et révèle le personnage dans toute son humanité et sa force d'âme.

Parcours 3 Éduquer l'honnête homme

Lorsque le jeune homme entre dans le monde, c'est-à-dire qu'il sort de l'enfance et s'apprête à jouer son rôle en société, il peut être plein d'illusions. *Les Caractères* sont une œuvre morale dont une des ambitions est de guider ce jeune homme sans expérience, qui doit, par la théorie et par la seule lecture de préceptes et de caricatures, parvenir à **discerner le vice de la vertu**, le vrai du faux, le bon du mauvais. La Bruyère élabore l'équivalent d'un précis. Les livres V à X permettent un usage pratique, ils orientent l'action et sont en ce sens **pédagogiques**. La société est donnée à voir, dans ses excès, ses paradoxes, ses dangers. Au XVIe siècle, des auteurs avaient déjà envisagé cette mission de la littérature : donner au non-initié les repères indispensables à sa **réussite en société**. Le parcours proposé ici se concentre sur la mise en garde : le lecteur visé doit être prudent et clairvoyant. Pour s'épanouir au milieu des intrigues sociales, il doit **exercer son œil** et anticiper un ensemble de variations.

Textes, suivis d'une explication

Érasme, *La Civilité puérile*, chapitre V, 1530

> Un enfant bien né ne doit se disputer avec personne, pas même avec ses camarades ; qu'il cède plutôt, si la chose paraît tourner en querelle, ou qu'il garde d'afficher de la supériorité, de tirer vanité de lui-même, de reprendre la manière d'être des autres, de se moquer des coutumes et des mœurs étrangères, de divulguer ce qui lui a été confié sous le secret, de répandre des nouvelles extraordinaires, de blesser la réputation de personne, de reprocher à qui que ce soit une infirmité. C'est non seulement un outrage et une cruauté, mais une sottise que d'appeler borgne un borgne, boiteux un boiteux, louche un louche et bâtard un bâtard. En suivant ces conseils, un enfant mérite l'éloge, sans faire de jaloux, et s'acquiert des amitiés.
>
> Il est impoli d'interrompre quelqu'un avant qu'il ait achevé son propos.

Un enfant doit n'avoir de querelle avec personne, se montrer de bon accueil à tous, ne recevoir cependant qu'un petit nombre de camarades dans sa familiarité la plus intime, et ceux-là les choisir avec soin. Qu'il ne confie à personne ce qu'il veut tenir caché. *Il est ridicule*, en effet, *d'attendre des autres une discrétion que tu n'as pas toi-même.* Nul ne retient si bien sa langue qu'il n'ait un ami à qui il dévoilera le secret. Il est donc plus sûr d'éviter toute confidence dont tu aurais à rougir si elle était divulguée.

Traduit du latin par A. Bonneau, 1877

Érasme donne, dans ce texte, une **leçon morale** pour bien éduquer un enfant. Il fait un portrait de l'enfant tel qu'il devrait être. Une liste de conduites vertueuses précède des mises en garde. Le texte peut faire écho aux remarques de La Bruyère sur **les hommes « polis »**, le moraliste jouant sur le terme, désignant à la fois la vertu sociale (la politesse) et la perte de caractère induite par la fréquentation de la Cour (la matière polie, c'est-à-dire lisse). Érasme expose ici des préceptes de **l'éducation humaniste**, dont l'essentiel repose sur l'honnêteté. Mais la question du secret suggère une pointe d'ironie : la tendance à divulguer le secret est forte chez l'homme et devrait le contraindre à limiter ses amitiés au strict minimum, ce qui, évidemment, s'oppose à l'ouverture aux amitiés que permet ici un tempérament accort et poli.

Agrippa D'Aubigné, *Les Tragiques*, 1616

Un père deux fois père employa sa substance
Pour enrichir son fils des trésors de science ;
En couronnant ses jours de ce dernier dessein,
Joyeux il épuisa ses coffres et son sein,
Sans avoir et son sang : sa peine fut suivie
D'heur à parachever le présent de la vie.
Il voit son fils savant, adroit, industrieux,
Mêlé dans les secrets de nature et des cieux,
Raisonnant sur les lois, les mœurs et la police ;

L’esprit savait tout art, le corps tout exercice.
Ce vieil Français, conduit par une antique loi,
Consacra cette peine et son fils à son Roi ;
L’équipe ; il vient en cour ; là cette âme nouvelle,
Des vices monstrueux ignorante et pucelle,
Voit force hommes bien faits, bien morgants, bien vêtus ;
Il pense être arrivé à la foire aux vertus,
Prend les occasions qui semblaient les plus belles
Pour étaler premier ses intellectuelles,
Se laisse convier, se conduisant ainsi
Pour n’être ni entrant, ni retenu aussi.
Toujours respectueux, sans se faire de fête,
Il contente celui qui l’attaque et l’arrête.
Il ne trouve auditeurs qu’ignorants envieux,
Diffamant le savoir de noms ingénieux :
S’il trousse l’épigramme ou la stance bien faite,
Le voilà découvert, c’est fait, c’est un poète ;
S’il dit un mot salé, il est bouffon, badin ;
S’il danse un peu trop bien, saltarin, baladin ;
S’il a trop bon fleuret, escrimeur il s’appelle ;
S’il prend l’air d’un cheval, c’est un saltin-bardelle ;
Si avec art il chante, il est musicien ;
Philosophe, s’il presse en bon logicien ;
S’il frappe, là-dessus, et en met un par terre,
C’est un fendant qu’il faut saler après la guerre ;
Mais si on sait qu’un jour, à part, en quelque lieu,
Il mette genou bas, c’est un prieur de Dieu.
[…]
Notre nouveau venu s’accoste d’un vieillard,
Et pour en prendre langue il le tire à l’écart ;
Là il apprit le nom dont l’histoire de France
Ne lui avait donné ni vent, ni connaissance.
Ce courtisan grison, s’émerveillant de quoi
Quelqu’un méconnaissait les mignons de son Roi,

Raconte leurs grandeurs, comme la France entière,
Escabeau de leurs pieds, leur était tributaire.
À l'enfant, qui disait : « Sont-ils grands terriens,
Que leur nom est sans nom par les historiens ? »
– Ont-ils sur l'Espagnol conquis quelque province ?
Ont-ils par leurs conseils relevé un malheur,
Délivré leur pays par extrême valeur ?
Ont-ils sauvé le Roi, commandé quelque armée,
Et par elle gagné quelque heureuse journée ? »
A tout fut répondu : « Mon jeune homme, je croi
Que vous êtes bien neuf : ce sont mignons du Roi. »

Agrippa d'Aubigné retrace, dans cet extrait des *Tragiques*, la fin de son enfance et son entrée à la Cour d'Henri de Navarre. Il se peint lui-même comme un enfant studieux. Il est en tout un **honnête homme**, mais encore innocent et naïf. Il est, d'une certaine manière, l'enfant **humaniste** par excellence, ayant suivi une éducation variée, érudite et éclairante. Il est capable de danser, de monter à cheval, de faire la guerre, de se battre à l'épée, de dire de la poésie, etc. Il sait se faire admirer très tôt mais subit la fermeture d'esprit des **courtisans** qui semblent pressés de lui attribuer un rôle, une étiquette, pour mieux le cerner. D'Aubigné critique indirectement cette société du **faux-semblant** dans laquelle il pénétrait alors : le moindre élan philosophique fait du premier venu un philosophe, une piètre génuflexion fait de n'importe qui un dévot. La **désillusion** est assez brutale quand il réalise que le mérite n'est pas pour grand-chose à l'avancement des sujets dans le royaume. Il cherche à saisir la raison pour laquelle **les mignons** sont les favoris du roi et ne parvient à se satisfaire de la **tautologie** (figure qui consiste à redire une chose quasiment à l'identique dans le but de l'expliquer) du vieillard : ils sont favoris du roi du fait de leur qualité de favoris. Ce texte peut être rapproché de la **critique de l'oisiveté** par La Bruyère ou de l'impératif, rappelé à plusieurs reprises dans *Les Caractères*, de **clairvoyance** : l'honnête homme ne saurait évoluer à la Cour en pleine naïveté, et dupe des illusions de grandeur.

Jean-Jacques Rousseau, *Émile ou de l'Éducation*, 1762

Vous vous fiez à l'ordre social de la société sans songer que cet ordre est sujet à des révolutions inévitables, et qu'il vous est impossible de prévoir ni de prévenir celle qui peut regarder vos enfants. Le grand devient petit, le riche devient pauvre, le monarque devient sujet : les coups du sort sont-ils si rares que vous puissiez compter d'en être exempt ? [...]

L'homme et le citoyen, quel qu'il soit, n'a d'autre bien à mettre dans la société que lui-même, tous les autres biens y sont malgré lui, et quand un homme est riche, ou il ne jouit pas de sa richesse, ou le public en jouit aussi. Dans le premier cas il vole aux autres ce dont il se prive ; et, dans le second, il ne leur donne rien. « Mais mon père, en le gagnant, a servi la société... - Soit ; il a payé sa dette mais non pas la vôtre. Vous devez plus aux autres que si vous fussiez né sans bien, puisque vous êtes né favorisé. Il n'est point juste que ce qu'un homme a fait pour la société en décharge un autre de ce qu'il doit ; car chacun, se devant tout entier, ne peut payer que pour lui, et nul père ne peut transmettre à son fils le droit d'être inutile à ses semblables [...]. Celui qui mange dans l'oisiveté ce qu'il n'a pas gagné lui-même, le vole ; et un rentier que l'État paye pour ne rien faire ne diffère guère, à mes yeux, d'un brigand qui vit aux dépens des passants. Hors de la société, l'homme isolé, ne devant rien à personne, a le droit de vivre comme il lui plaît ; mais dans la société, où il vit nécessairement aux dépens des autres, il leur doit en travail le prix de son entretien ; cela est sans exception. Travailler est donc un devoir indispensable à l'homme social. Riche ou pauvre, puissant ou faible, tout citoyen oisif est un fripon. » [...]

Je veux absolument qu'Émile apprenne un métier. Un métier honnête, au moins, direz-vous ? Que signifie ce mot ? Tout métier utile au public n'est-il pas honnête ? Je ne veux point qu'il soit brodeur, ni doreur, ni vernisseur ; je ne veux qu'il soit musicien, ni comédien, ni faiseur de livres.

Rousseau rejette, dans ce texte, toute forme d'**oisiveté**. Émile, le jeune homme bien éduqué, doit apprendre un **métier honnête**, c'est-à-dire **utile** à la société. On connaît toute l'importance du terme « utile » chez La Bruyère, que ce dernier vise parfois ironiquement : le courtisan utilise le vice, l'apparence de vertu, ou bien même un autre homme, pour arriver à ses fins. Ici l'utilité est vue en un sens pratique. L'homme doit être au service de la société, non par soumission mais par justice. **L'héritier**, dont il est également beaucoup question dans *les Caractères,* notamment dans le livre VI – *Des Biens de Fortune*, ne doit pas croire qu'il est dispensé de travail. Entrer en société, c'est entrer dans un métier utile et honnête. Or, Rousseau rejette un ensemble de professions, jugées inutiles et malhonnêtes. Ce sont les métiers du **luxe**, ou de la vanité, parmi lesquels des artisans décorateurs et des artistes de scène.

- **Bilan du parcours et prolongements possibles**

Le parcours montre que le thème de **« l'entrée dans le monde »** est récurrent dans la littérature d'idées. Des lectures de fictions permettraient de réaliser à quel point il est également sollicité dans la littérature de récit. Moment clé des romans d'apprentissage, l'entrée en société est une étape cruciale : le héros ou l'héroïne mesure toute la distance entre la théorie (sa première lecture du monde dans les livres, à l'école, ou dans son foyer) et la vie réelle, cruelle, vicieuse et décevante. Le parcours peut venir enrichir le travail sur l'objet d'étude « le roman et le récit du Moyen Âge au XXIe siècle ». ***La Princesse de Clèves* (1678) de Madame de Lafayette** instruit par exemple sur la perte d'innocence d'une héroïne arrivant à la cour. L'éducation qu'elle a reçue vient se confronter aux tumultes des passions et aux intrigues d'un univers d'apparats. Le conte *Zadig* (1748) de Voltaire permet de tirer des leçons similaires. En ouvrant les bornes chronologiques, on accède à une grande quantité de récits dans lesquels « l'entrée dans le monde » devient un *topos*. Dans la littérature réaliste, le héros peut se pervertir au contact du monde, ou s'élever socialement ; il gagne rarement en vertu. Qu'on pense à la destinée de Georges Duroy dans *Bel-Ami* (1885) de Maupassant, à celle de Julien Sorel dans ***Le Rouge et le Noir* (1830) de Stendhal**, ou à celle de Lucien Chardon (qui devient Lucien de Rubempré) dans ***Illusions perdues* (1843) de Balzac**.

Parcours 4 S'élever dans la hiérarchie sociale, une comédie sérieuse

Ce parcours propose d'aller observer directement dans des classiques de la comédie théâtrale des tirades sur le thème de l'ascension sociale. L'enjeu est de montrer que l'œuvre de La Bruyère s'inscrit dans une **tradition comique** qui caricature et grossit les traits pour convaincre. La comédie apparaît dès le XVIIe siècle comme un genre sérieux, capable de déstabiliser un public. Là où la tragédie arrache le spectateur de ses mœurs et de son ancrage historique, la comédie joue sur les allusions, sur les décalages éloquents et nous renvoie plus brutalement à notre réalité, non intérieure (comme la tragédie peut le faire avec le thème des passions ou de l'honneur) mais sociale et politique. La société est une matière à comédie que les dramaturges détournent, recomposent, renversent. Le message peut être crypté, à la manière des clefs dans les portraits de La Bruyère, mais est suffisamment suggestif pour que **le rire signifie l'adhésion du public** au propos. Dans la comédie on rit souvent aux dépens d'un sujet : la peinture d'un personnage vicieux est un moteur efficace du genre.

De fait, on retrouve dans les *Caractères* **différents types de comiques** : le comique de mots, le comique de mœurs, et, bien évidemment, le comique de caractère. Dans un récit écrit pour la scène, on pourra ajouter, entre autres, le comique de geste ou le comique d'intrigue. Dans les propositions de textes de ce parcours, nous voulons souligner l'importance de la **complicité entre le spectateur et le dramaturge** au moment de la moquerie, afin de faire écho à cette même complicité entre le lecteur et l'auteur à l'occasion des portraits des *Caractères*.

* Textes, suivis d'une explication

Le *Tartuffe* (1669), Acte III, scène 6, de Molière

DAMIS. —
Quoi ! la feinte douceur de cette âme hypocrite
Vous fera démentir…

ORGON. —
Tais-toi, peste maudite !

TARTUFFE. —
Ah ! laissez-le parler ; vous l'accusez à tort,
Et vous ferez bien mieux de croire à son rapport.
Pourquoi, sur un tel fait, m'être si favorable ?
Savez-vous, après tout, de quoi je suis capable ?
Vous fiez-vous, mon frère, à mon extérieur ?
Et, pour tout ce qu'on voit, me croyez-vous meilleur ?
Non, non : vous vous laissez tromper à l'apparence,
Et je ne suis rien moins, hélas ! que ce qu'on pense.
Tout le monde me prend pour un homme de bien ;
Mais la vérité pure est que je ne vaux rien.
(S'adressant à Damis.)
Oui, mon cher fils, parlez ; traitez-moi de perfide,
D'infâme, de perdu, de voleur, d'homicide ;
Accablez-moi de noms encor plus détestés :
Je n'y contredis point, je les ai mérités ;
Et j'en veux à genoux souffrir l'ignominie,
Comme une honte due aux crimes de ma vie.

ORGON, *à Tartuffe.* –
Mon frère, c'en est trop.
(À son fils)
Ton cœur ne se rend point,
Traître ?

DAMIS. —
Quoi ! ses discours vous séduiront au point…

ORGON. —
Tais-toi, pendard !

(À Tartuffe)
Mon frère, eh ! levez-vous, de grâce.
(À son fils)
Infâme !

DAMIS. —
Il peut…

ORGON. —
Tais-toi.

DAMIS. —
J'enrage ! Quoi ! Je passe…

ORGON. —
Si tu dis un seul mot, je te romprai les bras.

Cette scène illustre l'emprise du Tartuffe, **un faux dévot**, sur un personnage naïf, le père de famille Orgon. Damis a surpris le fourbe en train de tenter de séduire Elmire, la femme d'Orgon. Il se livre à une accusation vaine tant l'illusionniste Tartuffe travaille à la perfection : sa façon de confesser sa faute le rend plus pieux et plus vertueux aux yeux d'Orgon, complètement manipulé par la **rhétorique vicieuse** du personnage. Le comique naît à la fois de la **situation**, qui renverse l'ordre des accusations – Damis se trouve coupable d'être honnête – et des **caractères** – Orgon est incroyablement naïf et Tartuffe plus fielleux que jamais.

Le *Glorieux* (1732), Acte III, scène 5 de Destouches

LISETTE. —
Excusez mon audace,
Et souffrez une fois que je me satisfasse.
Il faut que je vous parle ; on me l'ordonne, et moi
J'en meurs d'envie aussi ; mais je ne sais pourquoi.

LE COMTE. —
Votre ton familier m'importune et me blesse.

LISETTE. —
Vous n'êtes occupé que de votre noblesse ;
Mais, en interprétant ce que l'on vous a dit,
Quand on fait trop le grand, on paraît bien petit.

LE COMTE. —
Quoi ! Vous osez ?…

LISETTE. —
Oui, j'ose ; et votre erreur extrême
Me force à vous prouver à quel point je vous aime.
Vous vous perdez, Monsieur.

LE COMTE. —
Comment donc, je me perds ?

LISETTE. —
Votre orgueil a percé. Vos hauteurs, vos grands airs,
Vous décèlent d'abord, malgré la politesse
Dont vous les décorez. La gloire est bien traîtresse.
Le discours d'Isabelle était votre portrait,
Et son discernement vous a peint trait pour trait.
Dût la gloire en souffrir, je ne saurais me taire.
Je ne vous dirai pas : « Changez de caractère »,
Car on n'en change point, je ne le sais que trop.
Chassez le naturel, il revient au galop ;
Mais du moins je vous dis : « Songez à vous contraindre,
Et devant Isabelle efforcez-vous de feindre ;
Paraissez quelque temps de l'humeur dont elle est,
Et faites que l'orgueil se prête à l'intérêt. »
Voilà mon sentiment. Profitez-en ou non,
Mon cœur seul m'a dicté cette utile leçon.
Votre gloire irritée en paraît mécontente,
Je lui baise les mains, et je suis sa servante.

Lisette, une servante, vient dire au Comte toutes ses vérités. Sa tirade est vue comme de l'insolence par celui qui se retrouve la cible d'une critique acerbe, lucide et sans appel. Lisette entend donner au maître une **leçon morale** : on ne gagne rien à être orgueilleux.

Son discours détrône le comte, lui faisant perdre toute sa hauteur. Mais le message de la servante est très subtil, car elle lui propose non pas de renoncer à la vanité, mais de l'orienter différemment. S'il veut charmer Isabelle, il ne peut faire simplement étalage de sa gloire devant elle. Il y perdrait tout honneur et verrait la belle se désintéresser du fanfaron. Au contraire il doit **feindre un caractère** qui n'est pas le sien pour s'accorder à l'humeur de celle qu'il désire. Le comique de la scène naît de la **situation**, assez vexante pour le comte, ainsi que de **l'intrigue** puisqu'à défaut d'une humilité véritable, on conseille au personnage de feindre une humilité crédible.

Le *Mariage de Figaro* (1784), Acte III, scène 5, de Beaumarchais

> LE COMTE. —
> Avec du caractère et de l'esprit, tu pourrais un jour t'avancer dans les bureaux.
>
> FIGARO. —
> De l'esprit pour s'avancer ? Monseigneur se rit du mien. Médiocre et rampant, et l'on arrive à tout.
>
> LE COMTE. —
> ... Il ne faudrait qu'étudier un peu sous moi la politique.
>
> FIGARO. —
> Je la sais.
>
> LE COMTE. —
> Comme l'anglais, le fond de la langue !
>
> FIGARO. —
> Oui, s'il y avait ici de quoi se vanter. Mais feindre d'ignorer ce qu'on sait, de savoir tout ce qu'on ignore ; d'entendre ce qu'on ne comprend pas, de ne point ouïr ce qu'on entend ; surtout de pouvoir au-delà de ses forces ; avoir souvent pour grand secret de cacher qu'il n'y en a point ; s'enfermer pour tailler des plumes, et paraître profond quand on est, comme on dit, que vide et creux ; jouer bien ou mal un personnage, répandre des espions et pensionner des traîtres ; amollir

des cachets, intercepter des lettres, et tâcher d'ennoblir la pauvreté des moyens par l'importance des objets : voilà toute la politique, ou je meure !

LE COMTE. —
Eh ! c'est l'intrigue que tu définis !

FIGARO. —
La politique, l'intrigue, volontiers ; mais, comme je les crois un peu germaines, en fasse qui voudra ! *J'aime mieux ma mie, ô gué !* comme dit la chanson du bon Roi.

LE COMTE, *à part.* —
Il veut rester. J'entends… Suzanne m'a trahi.

FIGARO, *à part.* —
Je l'enfile, et le paye en sa monnaie.

Le valet Figaro se montre assez arrogant dans cette scène. Il fait **la satire de l'ambition politique** et regarde avec lucidité les procédés qui permettent de s'élever dans la hiérarchie. Rappelons qu'à ce moment du *Mariage de Figaro,* le comte Almaviva cherche à écarter son valet du palais. Il voudrait que Figaro parte loin, en Angleterre si possible, pour courtiser sans obstacle sa fiancée Suzanne. La scène fait donc apparaître un **faux quiproquo**. Les deux protagonistes ne sont pas dupes des manœuvres de l'autre, comme en témoignent les apartés de la fin de l'extrait. Le tableau que peint Figaro de la politique dans sa tirade est indirectement un portrait du comte, impuissant face à la perspicacité de son serviteur indocile.

- Bilan du parcours et prolongements possibles

Ce parcours aborde la littérature d'idées par le genre théâtral. Il peut s'inscrire dans la continuité d'une étude de l'objet d'étude consacré au théâtre. Un des enjeux est de comprendre l'efficacité de la **mise en voix** de ses arguments. Les personnages défendent une idée devant quelqu'un qui occupe un **statut social** supérieur au leur. Il leur faut donc de l'**audace** et une grande habileté à manier la rhétorique. Ces effets d'emphase trouvent un écho évident chez La Bruyère, qui imite souvent, dans ses caricatures, la parlure des types moraux qu'il peint. On pourrait prolonger le parcours par la lecture de pièces comme ***Lorenzaccio* (1896) de Musset**, ou ***Cyrano de Bergerac* (1897) de Rostand**, en se concentrant sur la notion d'audace. Lorsque les personnages défient l'ordre établi au nom de la vertu, de la justice ou d'une motivation plus personnelle, le spectateur redoute la défaite des honnêtes et le triomphe des menteurs.

Propositions de lectures cursives

On peut prolonger l'étude des *Caractères* et du parcours associé « la comédie sociale » en lisant un ouvrage du XVIe siècle, comme ***le Prince* de Machiavel (1532)** ou ***Éloge de la folie* d'Érasme (1509)**. Le premier est un manuel à destination des gouvernants, prévoyant l'usage de la ruse dans l'exercice du pouvoir. Le second est une thèse humoristique qui fait la satire des pédants et des superstitions. Les deux auteurs ont pu inspirer La Bruyère pour l'écriture des *Caractères*. On peut aussi lire une œuvre du XVIIIe siècle pour évaluer l'héritage du moraliste et de son œuvre unique dans la littérature, pièce fondamentale pour comprendre la genèse de la philosophie des Lumières. On peut lire ***Lettres persanes* de Montesquieu (1721)** qui narre le voyage de deux Persans à Paris, s'étonnant des modes et des intrigues de la Cour (voir le développement dans la partie suivante de l'ouvrage), ou des extraits choisis des ***Mémoires* de Saint-Simon (1739 à 1750)**, dans lesquelles l'auteur peint les portraits d'illustres personnages de la Cour de Louis XIV.

Lectures cursives détaillées

Le programme invite le lycéen à lire, dans le cadre du parcours associé à l'œuvre au programme, une œuvre d'un autre siècle. Pour l'objet d'étude « La littérature d'idées du XVIe siècle au XVIIIe siècle », il s'agirait donc de lire une œuvre du XVIe ou une du XVIIIe siècle.

Essais, livre I (de 1580 à 1595 – ajouts et éditions successives), de Montaigne

Dans ce livre, Montaigne entend partager avec son lecteur un **ensemble d'expériences**. Il ne cherche pas à donner de leçon mais à expliquer les enseignements que lui-même a pu tirer de ses observations, de ses échecs, de ses fréquentations ou de ses lectures. Il écrit avec l'intention d'être le plus honnête et le plus sincère possible. La tradition littéraire y a vu une des premières autobiographies (avec *Confessions* de Saint Augustin) mais il sera plus enrichissant de l'aborder dans le cadre de l'objet d'étude comme une **somme argumentative**. Les chapitres abordent des sujets de réflexion qui appellent au commentaire, au dialogue et à la méditation. En cela, malgré la différence de forme avec les *Caractères*, les *Essais* de Montaigne poursuivent un enjeu commun : faire état de ses connaissances et d'une **sagesse pratique** acquise par la pensée et la vie en société, au sein d'un édifice littéraire qui occupe toute la vie de l'auteur. En effet, Montaigne, comme La Bruyère, est l'homme d'un seul livre, constamment complété et corrigé durant une vingtaine d'années (l'auteur entame sa rédaction des *Essais* en 1572 et meurt en 1592). Si l'on ne retrouve pas la brièveté des remarques de La Bruyère, on saisit en revanche la parenté de fond qui unit le contenu des deux œuvres puisque La Bruyère hérite de la pensée humaniste. Certains thèmes pourront être vus comme des prolongements des considérations de Montaigne, ainsi du *theatrum mundi*, du mensonge ou du pédantisme.

Montaigne permet également de saisir l'importance des **Anciens** dans la littérature à partir de la Renaissance (non que les auteurs médiévaux ignorent ou méprisent les textes de l'Antiquité, mais l'accès leur est plus compliqué et le principe d'imitation moins pratiqué). Montaigne cherche à s'inscrire dans les pas des philosophes, des dramaturges et des poètes grecs et latins, farcissant son œuvre de citations, de commentaires et de pastiches des Anciens.

Le livre I comprend 57 chapitres. On peut le lire dans sa totalité, ou bien sélectionner quelques chapitres essentiels pour approfondir des thèmes abordés par La Bruyère, en se laissant orienter par le titre du parcours associé : « la comédie sociale ».

On pourra lire avec intérêt les chapitres suivants :

- « Au lecteur » : Préambule qui précise l'intention du projet des *Essais*
- Chapitre VIII – *De l'oisiveté.*
- Chapitre IX – *Des menteurs.*
- Chapitre X – *Du parler prompt ou tardif.*
- Chapitre XII – *De la constance.*
- Chapitre XIII – *Cérémonie de l'entrevue des Rois.*
- Chapitre XXIV – *Du pédantisme.*
- Chapitre XXIX – *De la modération.*
- Chapitre XXXIII – *La fortune se rencontre souvent au train de la raison.*
- Chapitre XXXV – *De l'usage de se vestir.*
- Chapitre XLII – *De l'inégalité qui est entre nous.*
- Chapitre LI – *De la vanité des paroles.*
- Chapitre LIV – *Des vaines subtilités.*

Lettres persanes (1721) de Montesquieu

Célèbre **philosophe des Lumières**, Montesquieu exerce également son regard sur les mœurs de son temps. Il observe avec recul les excès de ses contemporains et critique leurs vices. Comme La Bruyère, il prend vite conscience que la littérature est un outil puissant pour dévoiler les illusions de la Cour et rendre visibles les artifices et les supercheries des pires intrigants. Son expérience du voyage et de l'expatriation le pousse à adopter, dans un **récit critique**, le point de vue d'étrangers sur le royaume de France.

Lettres persanes est un **roman épistolaire** qui narre le voyage de deux **Persans**, Rica et Usbek, en France de 1712 à 1720 (soit à la fin du règne de Louis XIV et au début de la Régence). Les lettres qu'ils s'envoient, ou qu'ils envoient à leurs compatriotes ou maîtresses, témoignent de leur **étonnement** devant les bizarreries du royaume. Par l'intermédiaire des deux Persans, Montesquieu fait la **satire des mœurs et des institutions françaises**. Les vices vont de la vanité à l'instabilité en passant par le pédantisme ou la fausse dévotion.

On lira avec intérêt les lettres suivantes :

- Lettres 24 et 37, sur Louis XIV.
- Lettre 28, sur le théâtre.
- Lettre 99, sur la mode.
- Lettre 106, sur la ville de Paris.

Entraînement et corrigés

En vue de l'écrit : la dissertation

Sujet 1

▸ **Pourquoi peut-on dire que les livres V à X des *Caractères* développent l'idée que le monde est un théâtre ?**

Proposition de plan détaillé

Introduction

Le XVIIe siècle est l'âge d'or du théâtre français. Si la Renaissance se caractérise par une redécouverte des textes et une méditation sur la sagesse des auteurs de l'Antiquité, le Grand Siècle en est la mise en exercice, la revitalisation. Soutenus par Louis XIV, les dramaturges renouvellent les genres de la comédie et de la tragédie, reprenant les matières grecque et latine. On se fascine, à la Ville comme à la Cour, pour les spectacles. D'un côté le goût pour l'exubérance, l'extraordinaire, l'invraisemblable définit le courant baroque, dominant la première partie du siècle, de l'autre l'attention à la régularité, à l'harmonie, à la bienséance caractérise le courant classique, dont l'esthétique triomphe dans la seconde moitié du règne de Louis XIV. Le Roi, en déplaçant la Cour à Versailles, n'hésite pas à mettre en scène le pouvoir. Il cherche à divertir les courtisans, et encourage donc les comédiens qu'il emploie à représenter sur scène tant leurs vertus que leurs vices. C'est ainsi que se développe l'idée que le théâtre est un moyen de rendre compte, par les artifices propres du genre (exagérations, double énonciation, quiproquos...), des mœurs du temps. Jean de La Bruyère dans les livres V à X des *Caractères* semble emprunter au théâtre des procédés et des tours qui lui permettent de proposer au lecteur une véritable comédie sociale. L'auteur peint une Cour à la manière d'un décor, ébauche des personnages-types, et agence des situations parfois ridicules, grotesques, ou dramatiques. Le principe consiste à dire avec précision la vérité sur les rapports humains afin d'orienter l'honnête homme. Mais au-delà des procédés, c'est une vision du monde qui se dégage et qui nous invite à soulever la question suivante : pourquoi peut-on dire que les livres V à X des *Caractères* développent l'idée que le monde est un théâtre ?

I. Les livres V à X des *Caractères* : une pièce en 6 actes ?

a. La gradation ascendante des livres V à X : du fond de plateau à l'avant-scène

- Rappel de la structure des livres V à X : cercles concentriques qui rapprochent du Roi.
- On peut y voir une scénographie : les personnages les plus nombreux (le peuple) sont traités en premier, puis les bourgeois, les PTS, les courtisans, puis les Grands et enfin le protagoniste central, le Roi.
- On a de moins en moins de sujets : on va des rôles de figurants au premier rôle, sur le devant de la scène

• Supports/exemples

« Le peuple souvent a le plaisir de la tragédie ; il voit périr sur le théâtre du monde les personnages les plus odieux, qui ont fait le plus de mal dans diverses scènes, et qu'il a le plus haïs. » VI, 31

« Le plaisir d'un roi qui mérite de l'être, est de l'être moins quelquefois ; de sortir du théâtre, de quitter le bas de saye et les brodequins, et de jouer avec une personne de confiance un rôle plus familier. » X, 16

b. Les *Caractères*: une galerie de personnages

- Rappel de la définition de « caractère ». L'enjeu de l'œuvre est de caractériser.
- La Bruyère crée des types (inévitables caricatures), à la manière de personnages comiques.
- Les personnages se croisent parfois.

• **Supports/exemples**

« [...] il [*Pamphile*] se fait suivre, vous parle si haut, que c'est une scène pour ceux qui passent : aussi les Pamphiles sont-ils toujours comme sur un théâtre ; gens nourris dans le faux, et qui ne haïssent rien tant que d'être naturels ; vrais personnages de comédie, des *Floridors*, des *Mondoris*. » IX, 50

« Le ministre ou le plénipotentiaire est un caméléon, est un Protée : semblable quelquefois à un joueur habile, il ne montre ni humeur, ni complexion [...]. » X, 12

c. Des décors changeants : la Ville et la Cour

- Les sujets du Royaume passent leur temps à se singer (la Ville singe la Cour, les courtisans singent le Roi).
- Le décor influe sur la fatuité et l'arrogance des personnages : la Ville méprise la campagne, la Cour méprise la Ville...
- Selon le lieu, on cherche à se faire voir différemment : au théâtre, lors des fêtes, à l'église...

• **Supports/exemples**

« Paris pour l'ordinaire le singe de la Cour, ne sait pas toujours la contrefaire [...] » VII, 15

Remarque VII, 3 de « Dans ces lieux d'un concours général, où les femmes se rassemblent » à « l'on gesticule et l'on badine, l'on penche négligemment la tête, l'on passe et l'on repasse. »

II. Le *theatrum mundi*: un *topos* littéraire hérité des Anciens

a. Définir le *theatrum mundi*

- Les hommes sont comme les personnages d'une grande pièce de théâtre dont Dieu/les dieux serait/seraient le(s) dramaturge(s).
- Chacun joue le rôle qui lui est attribué – métaphore de l'existence humaine (destinée, mort, rang social…).
- Le monde ressemble aux machines théâtrales (ressorts, poulies…).

• Supports/exemples

Remarque VIII, 99 de « Dans cent ans le monde subsistera encore en son entier : ce sera le même théâtre et les mêmes décorations, ce ne seront plus les mêmes acteurs. » à « de nouveaux acteurs ont pris leur place ? quel fond à faire sur un personnage de comédie. »

Allégorie de la caverne dans *La République* (livre VII) de Platon.

Manuel d'Epictète (env. 125 ap. J.-C.) : « souviens-toi que tu es comme un acteur dans le rôle que l'auteur dramatique a voulu te donner. »

b. Entrer sur le théâtre du monde et y jouer son rôle

- La Bruyère défend l'idée d'un ordre social et d'une harmonie des rôles.
- Chacun doit honorer sa place – devoirs et responsabilités différents selon le statut (cela comprend le Roi).
- L'instabilité sociale vient des intrigants qui cherchent à s'élever, au mépris des rangs fixés par la fortune.

• Supports/exemples

« C'est une pure hypocrisie à un homme d'une certaine élévation, de ne pas prendre d'abord le rang qui lui est dû, et que tout le monde lui cède ; il ne lui coûte rien d'être modeste […]. La modestie est d'une pratique plus amère aux hommes d'une condition ordinaire […]. » IX, 44

« Il faut qu'un honnête homme ait tâté de la Cour ; il découvre en y entrant comme un nouveau monde qui lui était inconnu, où il voit régner également le vice et la politesse, et où tout lui est utile, le bon et le mauvais. » VIII, 9

Remarque VI, 25 de « Si vous allez derrière un théâtre » à « de même n'approfondissez pas la fortune des partisans. »

c. La mort – une réflexion sur la vanité

- Perspective de la mort comme unique certitude, qui rappelle le *memento mori* médiéval et les Vanités.
- Métaphore filée du théâtre : mourir c'est sortir de scène.
- Pression des rôles qui attendent dans les coulisses – chaque homme semble s'attarder sur la scène.

- **Supports/exemples**

Bossuet, *Sermon sur la mort* : De « Cette recrue continuelle du genre humain, — je veux dire les enfants qui naissent » à « et la pièce n'en aurait pas été moins jouée, quand je serais demeuré derrière le théâtre. »

Remarque VIII, 66 de « Les deux tiers de ma vie sont écoulés » à « « nous disparaîtrons, moi qui suis si peu de chose, et ceux que je contemplais si avidement, et de qui j'espérais toute ma grandeur [...] »

III. Le mensonge et les masques : l'illusion comique

a. Déjouer les manœuvres des hypocrites

- L'objectif des *Caractères* est justement de faire tomber les masques, de ne pas être dupe des apparences.
- La Bruyère dresse le portrait des intrigants pour mieux lever le voile sur les manœuvres odieuses.
- Morale de l'honnête homme qui ne doit pas tomber dans le piège de l'illusion comique (comme Pridamant dans *l'Illusion comique* de Corneille).

- **Supports/exemples**

« Vous le croyez votre dupe; s'il feint de l'être, qui est plus dupe de lui ou de vous ? » V, 58

Remarque X, 3 de « C'est une politique sûre et ancienne dans les Républiques, que d'y laisser le peuple s'endormir » à « quelles grandes démarches ne fait-on pas au despotique par cette indulgence ! »

b. Un théâtre sans paroles ?

- La Bruyère se moque du jargon des courtisans. Caricature des parlures qui rappelle le théâtre de Molière.
- La recherche des bons mots – l'importance de la réplique dans les jeux de pouvoir.
- La parole précieuse est ridiculisée.
- l'éthique de la simplicité et du mot juste.

- **Support/exemple**

« Faibles hommes ! un grand dit de *Timagène* votre ami qu'il est sot, et il se trompe; je ne demande pas que vous répliquiez qu'il est homme d'esprit; osez seulement penser qu'il n'est pas un sot » VIII, 78

Remarque VIII, 81 de « Il y a un certain nombre de phrases toutes faites » à « de se contenter des apparences. »

« La ville est partagée en diverses sociétés, qui sont comme autant de petites républiques, qui ont leurs lois, leurs usages, leur jargon, et leurs mots pour rire [...] » VII, 4

OU Remarques 6 et 7 du livre V et portrait de *Théodecte.* (V, 12)

c. La Bruyère : dramaturge ou moraliste ?

- Les portraits peuvent parfois faire penser à des saynètes.
- *Les Caractères* pourraient être un pur divertissement mondain : on se moque des types comiques sans s'y reconnaître et méditer sur les mœurs.
- Statut des clefs – mise en abyme dans les *Caractères* : portraits fictifs qui renvoient à des personnages réels de la Cour.

• Support/exemple

Portrait *d'Aristarque* (IX, 45), le fanfaron orgueilleux qui annonce et met en scène ses bonnes actions. Le portrait pourrait renvoyer à Achille de Harlay, premier président du Parlement.

Conclusion

Nous pouvons répondre à la question soulevée en affirmant que la démarche de La Bruyère dans les livres V à X des *Caractères* autorise une analogie avec le genre théâtral. L'auteur expose les mœurs de personnages emblématiques sur une scène complexe et mouvante, allant de la plus large société à la chambre du Roi. Le monde figuré dans ces six livres s'apparente bien à un théâtre car chacun est invité à jouer son rôle, à étonner par ses traits, ses gestes, ses excentricités. Le lecteur goûte l'œuvre comme un spectateur, plus encore peut-être de nos jours où c'est toute une époque, lointaine de la nôtre, qui reprend vie devant nos yeux. La Bruyère crée un jeu de complicité, nous invitant à remarquer, à notre tour, ce qui est un travers, ce qui se dissimule, ce qui est condamnable dans nos mœurs. À la façon que l'on a aujourd'hui de réactualiser les pièces de Molière dans le but qu'elles révèlent les forces et les faiblesses de notre société contemporaine, les remarques de La Bruyère nous suggèrent de déplacer notre regard sur notre temps afin de le comprendre, et de l'analyser, à la lumière de caractères universels.

Sujet 2

- D’après votre lecture des livres V à X des *Caractères*, pensez-vous que La Bruyère soit un excellent peintre de la société de son temps ?

Proposition de plan général

- **Problématique** : La Bruyère offre-t-il une peinture fidèle des mœurs du XVIIe siècle, ou grossit-il certains traits au point de perdre en vraisemblance ?

I. Un monde renversé : les livres V à VIII offrent une vision désenchantée de la société qui se veut véridique, ancrée dans le réel. L’auteur caricature pour mieux vaincre les mirages et gagner en clairvoyance

II. Un tableau grotesque. La Bruyère se fait dramaturge plutôt que peintre, car la Cour est un univers changeant et instable (thèmes baroques et artifices des courtisans, personnages de farce…)

III. Le portraitiste de génie : de l’homme fourbe au Souverain. La Bruyère peint une galerie d’hommes et de femmes, du livre V au livre X, selon un mouvement ascendant (aquarelle de vices et de vertus ? faux éloges et caractérisation de l’honnête homme en filigrane ?)

Sujet 3

- Bernard Roukhomovsky écrit dans *L'Esthétique de La Bruyère* : « Petite encyclopédie de la difformité morale, cette œuvre n'est pas foncièrement étrangère au monde grimaçant de la foire. » (SEDES, 1997)

  Expliquez cette phrase à l'aide de votre lecture des livres V à X des *Caractères* de La Bruyère ainsi que du parcours associé et de vos lectures personnelles.

Proposition de plan général

- **Problématique** : Le monde que dépeint La Bruyère des livres V à X est-il caricatural ou rend-il compte de la réalité ? L'œuvre a-t-elle une fonction comique ? Si oui, quel type de rire est visé ?

I. Une foire aux monstres : les portraits comme démonstrations de vices sous le règne de Louis XIV

II. L'ironie de La Bruyère : rire pour dénoncer. Effets de satire. Loupe grossissante sur les défauts des êtres rencontrés dans la société

III. La comédie sérieuse : rire pour éduquer, plaire pour instruire. Visée didactique des *Caractères* malgré une apparence de divertissement mondain

En vue de l'oral : explications linéaires (avec questions de grammaire)

Les Caractères, comme nous l'avons vu dans cet ouvrage, est une œuvre constituée majoritairement de remarques, qui sont des paragraphes, des fragments, des textes brefs. La plupart du temps, les extraits proposés en explication linéaire esquiveront cette particularité en allant chercher les portraits, dont la longueur se prête mieux à l'exercice. Nous proposons un premier entraînement qui assume, au contraire, le découpage et l'éclatement du texte de La Bruyère avant un second entraînement plus traditionnel.

Explication 1

L'ouverture du livre VIII – De la Cour, remarques 1 à 5

- Texte

1

Le reproche en un sens le plus honorable que l'on puisse faire à un homme, c'est de lui dire qu'il ne sait pas la Cour ; il n'y a sorte de vertus qu'on ne rassemble en lui par ce seul mot.

2

Un homme qui sait la Cour ; est maître de son geste, de ses yeux, et de son visage ; il est profond, impénétrable ; il dissimule les mauvais offices, sourit à ses ennemis, contraint son humeur, déguise ses passions, dément son cœur, parle, agit contre ses sentiments : tout ce grand raffinement n'est qu'un vice, que l'on appelle fausseté, quelquefois aussi inutile au courtisan pour sa fortune, que la franchise, la sincérité, et la vertu.

3

Qui peut nommer de certaines couleurs changeantes, et qui sont diverses selon les divers jours dont on les regarde ; de même, qui peut définir la Cour ?

4

Se dérober à la Cour un seul moment, c'est y renoncer : le courtisan qui l'a vue le matin, la voit le soir, pour la reconnaître le lendemain ; ou afin que lui-même y soit connu.

5

L'on est petit à la Cour, et quelque vanité que l'on ait, on s'y trouve tel ; mais le mal est commun, et les grands mêmes y sont petits.

6

La province est l'endroit d'où la Cour, comme dans son point de vue, paraît une chose admirable ; si l'on s'en approche, ses agréments diminuent comme ceux d'une perspective que l'on voit de trop près.

7

L'on s'accoutume difficilement à une vie qui se passe dans une antichambre, dans des cours ou sur l'escalier.

8

La Cour ne rend pas content, elle empêche qu'on ne le soit ailleurs.

9

Il faut qu'un honnête homme ait tâté de la Cour ; il découvre en y entrant comme un nouveau monde qui lui était inconnu, où il voit régner également le vice et la politesse, et où tout lui est utile, le bon et le mauvais.

10

La Cour est comme un édifice bâti de marbre, je veux dire qu'elle est composée d'hommes fort durs, mais fort polis.

Proposition d'explication linéaire détaillée

Introduction

Nous étudions les dix remarques, soit les dix premières phrases, qui ouvrent le livre VIII des *Caractères*. Ce livre s'intitule « *De la Cour* » et c'est tout naturellement que La Bruyère propose au seuil de cette section une définition de son objet. Or ce travail liminaire le conduit à railler dès les premières lignes les vices de la Cour et à user d'ironie pour orienter la lecture de la centaine de remarques qui suivent. À la sortie du livre VII – *De la Ville,* dont l'objet était lui-même cible de moqueries et de caricatures, on pouvait s'attendre à un rééquilibrage des vertus, une entrée en un monde antagoniste de la Ville, en tout point admirable. C'est l'illusion que crée d'abord l'auteur pour très vite déconstruire l'attente et signifier la parenté de fourberie entre la Ville et la Cour. Nous traiterons le texte dans sa progression argumentative finalisée, c'est-à-dire sans se soucier des dates d'ajout des remarques entre les différentes éditions. Nous soulèverons donc la problématique suivante : quelle vision de la Cour propose La Bruyère en ouverture du livre VIII qui lui est consacré ?

Dans une première partie, nous expliquerons les procédés employés et les effets visés dans le premier mouvement, qui comprend les trois premières remarques, et dont l'enjeu est d'annoncer l'ambiguïté autour d'une définition claire de la Cour. Dans une deuxième partie, nous analyserons le mouvement constitué par les remarques 4 à 8, et dont l'enjeu est de focaliser l'attention du lecteur sur les rapports sociaux qui se jouent au sein de la Cour et discernent les grands des petits. Dans une troisième partie, nous étudierons le premier effet de chute du livre avec les remarques 9 et 10, qui démystifient la Cour pour qui y pénètre pour la première fois en honnête homme.

I. Définir la Cour, une tâche impossible ? – remarques 1, 2 et 3

- Reproche honorable : ne pas connaître la Cour. Est-ce que cela signifie ne pas savoir en donner une définition ? ou ne pas la fréquenter ? Ouverture sur une ambiguïté : ce reproche est-il véritable ? Est-ce de l'ironie ? Est-ce une provocation du moraliste, qui justifie par là son entreprise d'étude des mœurs courtisanes ? Est-ce un reproche que formulent les courtisans à ceux qui ne le sont pas ?
- Suite de l'ambiguïté avec le mot « vertus ». Le terme « Cour » induirait toutes les vertus. Il semble ici que l'on poursuive l'ironie du début de la phrase. Le pronom impersonnel « on » confirme cette interprétation : le référent est flou, il peut s'agir du courtisan, de l'intrigant, du Parisien, etc.
- La première remarque soulève l'enjeu : le mot « Cour » constitue en lui-même une énigme.
- La remarque 2 poursuit la réflexion : le saut induit par la fragmentation suspend la réflexion du lecteur et permet une mise en relief : celui qui « sait » la Cour est digne d'intérêt. On a un quasi-portrait initial du courtisan, c'est-à-dire de celui qui sait la Cour parce qu'il la fréquente.
- On note que cette longue phrase en remarque 2 est ponctuée non selon les unités de sens mais selon les unités de souffle. C'est courant au XVIIe siècle. La Bruyère mène ici un travail écrit qui prend des accents d'oralité, et fait de cette ouverture une démonstration d'éloquence. Le point-virgule qui coupe le sujet du prédicat crée un effet d'attente : observer le sujet, « Un homme qui sait la Cour », c'est prendre le temps, et c'est retarder un peu tout ce que l'on peut dire de lui. La suite de la phrase amorce un portrait élogieux, avec des adjectifs qualificatifs mélioratifs : « maître », « profond », « impénétrable », mais dissone ensuite par l'emploi des verbes au présent de l'indicatif, à valeur de caractérisation et de vérité générale : « il dissimule », « il contraint », « il déguise », « dément », « agit contre ».
- La négation exceptive (ou restrictive) – « tout ce grand raffinement n'est qu'un vice » – vient condamner ce faux éloge du courtisan. Le mot « vice », opposé au mot « vertu » du premier

paragraphe (et qui vient fermer cette seconde remarque) détrône l'homme de Cour. Le raffinement d'apparence n'est que fausseté, et vices et vertus sont confondus.

- Le lecteur entre alors dans la complexité du système de la Cour. C'est la troisième remarque qui tire la conséquence de cette première approche : la définition est impossible car le monde de la Cour est flou, changeant, insaisissable. La question rhétorique suggère l'embarras de tout moraliste : personne ne sait la Cour – au sens de l'érudition – car ceux qui savent la Cour – au sens de la fréquentation – brouillent toute définition.

II. Le cadre d'une comédie sociale : entrer dans la Cour des grands… et des petits – remarques 4, 5, 6, 7 et 8

- On entre alors dans le second mouvement, où le moraliste cherche à orienter son regard et à distinguer, derrière le voile, la vérité.
- Au paragraphe 4, il s'agit de montrer la permanence d'un objet – la Cour – qui ne tient qu'à la fidélité de ses sujets – les courtisans. S'éloigner de la Cour, c'est perdre son statut, c'est perdre toute reconnaissance.
- Le paragraphe 5 prolonge cette idée selon laquelle tout courtisan est un petit homme. Ce qui est immense – c'est confirmé par la remarque 10 qui en fait un édifice de marbre – c'est la Cour. Autrement dit, elle serait cette chose abstraite, ni tout à fait un lieu, ni tout à fait une communauté, constituée d'hommes troubles, faux, changeants, mais dont la permanence et la pérennité tient à la constante fréquentation de ses sujets.
- En distinguant petits et grands, La Bruyère projette le propos vers le livre IX, dédié aux Grands, et poursuit donc la gradation du peuple au souverain, en émettant ici un constat cruel : toute idée de grandeur courtisane est pure vanité.
- En remarque 6, La Bruyère fissure encore davantage son objet pour mieux le comprendre : ce qui se voit de loin – de la province – n'est pas la réalité. La « chose admirable » vue de loin perd tout son charme lorsque l'on s'approche. Il ouvre

ici une métaphore de l'exploration : on voit de loin sa destination (en perspective), on s'émeut à la découverte d'un nouveau monde et on peut être déçu quand on atteint son but.

- Les remarques 7 et 8 viennent, là encore, tirer la conséquence d'un constat amer : la Cour se fait lointaine, inaccessible, non pour rendre heureux ses sujets mais par vice, pour empêcher le bonheur des non-courtisans.
- Dans l'énumération de la remarque 7 – « dans une antichambre, dans des cours ou sur l'escalier » – La Bruyère compose l'image de l'ailleurs de la Cour qui se réduit à un monde en approche, à des satellites de la grandeur (apparente). L'antichambre, les cours ou l'escalier renvoient à ces lieux de transition, qui ne sont pas le palais, dans lesquels on passe sans rester, où l'on ne vit pas. Cette vie en attente de mieux est l'effet collatéral de la vie de Cour. En effet, cette dernière laisse autour d'elle un monde en province.
- Le terme « cours » au pluriel désigne ces endroits en bas des demeures, ces lieux de passage. Mais le terme fait évidemment écho à son usage plus officiel pour désigner l'entourage du Roi. Aussi y a-t-il un rapport d'inclusion des cours minuscules à la Cour majuscule.

III. Un monde nouveau pour l'honnête homme – remarques 9 et 10

- Le dernier mouvement file cette métaphore de l'exploration. L'honnête homme est invité à pénétrer dans le monde de la Cour, comme on entre en un lieu, en un « nouveau monde », avec ses règles et ses dangers.
- On retrouve le terme « vice » dans ce paragraphe, mais au lieu de lui opposer celui de vertu (comme dans les premières remarques), La Bruyère a recours ici au terme « politesse », avec lequel il joue par polyptote et décalage sémantique à la fermeture de la remarque 10 : les hommes « fort polis ». La politesse serait une vertu de Cour capable d'englober toutes les autres. On saisit l'ironie qui consiste à faire de la vertu une qualité

d'apparence, un ajustement dans la comédie sociale. Être poli ne veut pas dire être bon, mais c'est suffisant à la Cour pour équilibrer le vice et le mauvais.

- L'honnête homme est invité à visiter l'édifice de marbre. La métaphore architecturale prolonge la notion d'instabilité posée en remarque 3 : la Cour apparaît comme un bâtiment solide, dont la solidité tient à ses matériaux humains, changeants, faux, déguisés (si l'on se réfère à la remarque 2). Les hommes durs et polis qui forment l'édifice de la Cour vont être dans la suite du livre les sujets des portraits et des caricatures. En les désignant d'emblée comme des êtres faux, La Bruyère oriente la lecture des paragraphes à suivre.
- le mot « utile » de la remarque 9 vient s'opposer à son antonyme de la remarque 2, « inutile », suggérant que le courtisan ne s'embarrasse pas à distinguer vice et vertu, dans la mesure où le mot Cour rassemble toutes les sortes de vertus. Sa fortune peut se passer de vice comme de vertu. Il peut être amoral en un sens. Alors que l'honnête homme, tout à l'inverse, agit en homme moral, donc « tout lui est utile ». Il cherche le mérite et la connaissance, d'où cet impératif de distinguer et de fréquenter le bon comme le mauvais.
- L'homme poli – qui n'est pas l'honnête homme – est un être façonné. Comme le marbre du sculpteur, l'âme du courtisan est une matière à émonder, à lisser et à faire briller. L'humeur, les passions, le cœur, les sentiments, les paroles, les sourires… ne sont qu'éléments à raffiner et à polir.

Conclusion

En ouvrant le livre VIII, le lecteur est d'emblée confronté à un antagonisme moral, dont l'exposé par La Bruyère vise à préserver l'honnête homme de toute surprise et de toute duperie. Entrer dans le monde de la Cour, c'est percer à jour les effets spectaculaires et rendre compte d'une matérialité brute. L'auteur oriente notre regard sur les fissures d'un monde qui cherche à être admiré et dévoile un édifice artificiel, léger et instable. En progressant des livres V à VIII, on s'accoutume donc de ces désenchantements, et l'on ne pourra espérer retrouver un ordre moral, un équilibre des vertus, qu'avec les Grands, ou en la personne du Souverain.

* Question de grammaire

Dans la remarque 3, commentez l'emploi du mot *qui* utilisé trois fois dans la phrase.

Analyse

Qui est utilisé trois fois dans la phrase de la remarque 3 et précède toujours un verbe : *qui peut, qui sont* et *qui peut.* Il s'agit toujours d'un pronom, soit ici un mot substitut qui désigne un référent, connu par l'énonciation ou par un antécédent dans la phrase. Deux *qui* sont pronoms interrogatifs : *qui peut nommer...* et *qui peut définir...* Dans ces deux cas, le pronom est le sujet de l'interrogation. Pour répondre à chacune des questions, il suffit de désigner un sujet : *un homme, une personne, La Bruyère...* Il semble que les deux questions soient rhétoriques, la réponse étant implicitement suggérée. Il s'agit ici de répondre par le pronom autonome : *personne* (*personne ne peut nommer...* et *personne ne peut définir la Cour*). En revanche le deuxième pronom *qui* est un pronom relatif, qui introduit une proposition subordonnée relative : *qui sont diverses.* Le pronom relatif est sujet de la proposition, qui a pour antécédent le groupe nominal *de certaines couleurs changeantes.*

Explication 2

Le portrait de Périandre dans le livre VI – *Des Biens de Fortune*, remarque 21

- Texte

Remarque 21 en entier.

- Pistes pour une explication linéaire

▶ **Problématique** : En quoi le portrait de Périandre fait-il la satire des hommes parvenus et illustre-t-il les vices de l'orgueil et de la convoitise ?

- Mouvements du texte

▶ 1er mouvement, du début du texte à « qui veuille s'y opposer » : la réputation de *Périandre,* l'homme de fortune, autoproclamé *homme de qualité.*

▶ 2e mouvement, de « sa demeure est superbe » à « dont il ne doit rien, qu'il a payée. » : la convoitise du peuple devant la richesse et la grandeur de *Périandre.*

▶ 3e mouvement, de « Que son père si vieux » à la fin du texte : les conditions de la fortune, l'ascension sociale et la jalousie du peuple.

Question de grammaire

Commentez l'emploi du mot *que* dans la phrase : « Que son père si vieux et si caduc n'est-il mort il y a vingt ans et avant qu'il se fît dans le monde aucune mention de Périandre », et proposez une phrase commençant par un autre adverbe interrogatif.

Analyse

- Emploi de *que* en mot interrogatif. Usage du XVIIe siècle, qu'on pourrait retrouver chez Corneille (« que peut vous offenser sa flamme… ? ») ou chez Racine (« que ne me quittez-vous ? » ou « que sert le mérite ? »). Remplaçable par un groupe prépositionnel (soudé ou non) : en quoi, pourquoi, à quoi…
- Ici le sens est renforcé par l'exclamative. Signification : il aurait été mieux/préférable que son père meure il y a vingt ans. Marque de regret. Le *que* ici déplore un fait qui ne s'est pas déroulé, d'où l'usage du subjonctif dans la seconde partie de la phrase : *et avant qu'il se fît.*
- Si l'on utilise un adverbe interrogatif, on peut avoir des phrases du type :
  - *Comment se fait-il que son père si vieux et si caduc ne soit pas mort il y a vingt ans…*
  - *Pourquoi son père si vieux et si caduc n'est-il pas mort il y a vingt ans…*

Notes

Notes

Notes

Imprimé en Italie par «La Tipografica Varese Srl» Varese